MONITEUR-ÉDUCATEUR

ANNALES CORRIGÉES

DEME

session 2012

2e édition

Michel Billet
Responsable de la filière moniteur-éducateur
à l'IFTS d'Échirolles (78)

ITINÉRAIRES PRO

le Social

Vuibert

Photographies de couverture : *Wanna Play Us* © Franz Pfluegl, Fotolia.com ; *Group of friends in an Apartment Talking* © Andreo Rodriguez, Fotolia.com ; *Writing* © Sylvia Jansen, IStockphoto.com ; *Father Helping Teenage Son with Homework* © Laurence Mouton, Photo Alto.

ISBN : 978-2-311-00370-3

Conception couverture : HDL Design / Conception intérieur : Linéale Production

La loi du 11 mars 1957 n'autorisant aux termes des alinéas 2 et 3 de l'article 41, d'une part, que les « copies ou reproductions strictement réservées à l'usage privé du copiste et non destinées à une utilisation collective » et, d'autre part, que les analyses et les courtes citations dans un but d'exemple et d'illustration, « toute représentation ou reproduction intégrale, ou partielle, faite sans le consentement de l'auteur ou de ses ayants droit ou ayants cause, est illicite » (alinéa 1er de l'article 40). Cette représentation ou reproduction, par quelque procédé que ce soit, constituerait donc une contrefaçon sanctionnée par les articles 425 et suivants du Code pénal. Le « photocopillage », c'est l'usage abusif et collectif de la photocopie sans autorisation des auteurs et des éditeurs. Largement répandu dans les établissements d'enseignement, le « photocopillage » menace l'avenir du livre, car il met en danger son équilibre économique. Il prive les auteurs d'une juste rémunération. En dehors de l'usage privé du copiste, toute reproduction totale ou partielle de cet ouvrage est interdite. Des photocopies payantes peuvent être réalisées avec l'accord de l'éditeur. S'adresser au Centre français d'exploitation du droit de copie : 20, rue des Grands-Augustins, F-75006 Paris. Tél. : 01 44 07 47 70.

DANGER LE PHOTOCOPILLAGE TUE LE LIVRE

© Vuibert – octobre 2011 – 5, allée de la 2e D.B., 75015 Paris - Site Internet : http://www.vuibert.fr

Remerciements à l'auteur

Comme les autres métiers de l'éducation spécialisée, celui de moniteur-éducateur est en mutation constante et c'est une véritable chance qu'un professionnel comme Michel Billet puisse témoigner de la permanence de ce métier au travers de son inégalable expérience et de ses connaissances comme de son exigence de sens et de créativité pédagogique. Toutes ces compétences, il les met avec générosité et rigueur au service des futurs professionnels et, à travers eux, des personnes que ceux-ci accompagneront dans leur vie professionnelle.
Merci à Michel de s'être consacré à ce travail humble et exigeant, mais ô combien nécessaire, et dont la première édition est déjà devenue une référence pour nos stagiaires en formation comme pour nous-mêmes. Il favorise ainsi, dans la continuité de son sens du partage, l'invention de nouveaux projets...

Arnaud Villepontoux et Marc Ossorguine
Animateurs de la commission moniteur-éducateur de l'AFORTS
et responsables de formation au CRFMS Érasme à Toulouse
et au CFPMEA des Cemea Languedoc-Roussillon à Montpellier

Remerciements

L'auteur tient à remercier Rosette Battistonni, Marie Billet pour les vignettes pédagogiques, J. Bourquin pour l'approche historique, Jean-Pierre Clocher Myriam Laurent, Marc Ossorguine, Arnaud Villepontoux et tous les membres de la commission Métier-Certification ME d'AFORTS (UNAFORIS) pour leur aide et leur soutien.

Préface

Après quatre années de mise en œuvre de la réforme du 20 juin 2007, Michel Billet propose dans cette nouvelle édition une lecture réactualisée.

Son expérience de formateur au sein de l'IFTS d'Échirolles, sa participation active et régulière aux diverses commissions de l'AFORTS [1] ainsi qu'aux rencontres du groupe de travail « moniteurs-éducateurs de la région Rhône-Alpes » lui donnent légitimité.

La mise en application de ce dispositif met en avant plusieurs aspects.

Le premier concerne les personnes en formation.

Aujourd'hui, apprendre son métier ne se conçoit plus sans l'articulation théorie-pratique propre à la logique de compétences. Cette logique est en rupture avec ce qui est généralement connu et vécu lors du passage de chacun d'entre nous à l'Éducation nationale pour ce qui est des enseignements généraux ou des formations professionnelles.

Le lieu de formation est désormais « multiple ». Apprendre ne consiste plus seulement à se constituer un stock de savoirs, apprendre est aussi la résultante d'une tension entre ce qui est transmis pour appropriation en établissement de formation et ce qui est vécu, perçu, pratiqué, expérimenté au sein du lieu de stage ou de pratique, en contact avec des enfants, des adolescents, des adultes en difficulté sociale ou en situation de handicap. Les nouvelles modalités de certification illustrent le changement.

Ce changement ne saurait s'instaurer sans le deuxième aspect qui concerne directement les établissements de formation.

La pédagogie de l'alternance intégrative ne se construit pas que d'un seul côté. Le partenariat avec les lieux de pratique ou les lieux de stage est désormais indispensable, le référentiel qui permet la créativité et l'inventivité pédagogiques est plus que jamais indispensable pour produire des outils communs à proposer à la personne en formation.

Enfin, le troisième aspect touche les lieux de pratique ou les lieux de stage. Le décret du 20 juin 2007 institue les « sites qualifiants ».

Toutefois, un lieu de stage ne devient pas « site qualifiant » par décret. L'introduction de la notion de référentiel suscite à juste titre de la méfiance, les pratiques d'accompagnement formatif des lieux de stage vont petit à petit prendre forme et trouver du sens.

---

1. Association française des organismes de formation et de recherche en travail social.

Cette complexité se retrouve dans le travail produit par Michel Billet. Il expose un point de vue enrichi par les expériences tirées de la formation de tuteur-référent mise en œuvre au sein du groupement de partenaires régionaux Rhône-Alpes.
Dans ce cadre ont été produites des grilles d'aide à l'évaluation du DC 1 et DC 3.
Les grilles publiées en annexes sont à destination des professionnels accompagnateurs.
Pour conclure, il convient de rappeler la nécessité, pour les acteurs impliqués dans la mise en place de cette réforme, de garder à l'esprit les valeurs fondatrices du travail social.

Jean-Pierre Clocher,
coordinateur pédagogique ME,
Institut Saint-Laurent, Écully

Avant-propos

Au cours de l'année 2009, pour la première fois, des centaines de candidats ont présenté le DEME.
Ce diplôme inaugure un nouveau dispositif de formation et de certification, puisque désormais les épreuves se déroulent en fonction des domaines de compétences (DC), en cours et en fin de formation.
Ce recueil retranscrit les différentes épreuves de certification afin de permettre à tous les candidats, quelque soit leur situation (formation initiale, situation d'emploi, apprentissage) de se préparer ou de s'entraîner.
Les candidats par la VAE trouveront dans la présentation des domaines de compétences et des épreuves associées une aide utile pour rédiger le livret 2.
Cet ouvrage est aussi destiné aux référents professionnels sur qui repose l'encadrement des épreuves de certification réalisées en cours de formation sur des sites qualifiants.
Ils trouveront à la fois des informations, mais aussi des supports qui devraient faciliter leur positionnement d'accompagnateur.
Enfin, les professionnels des centres de formation trouveront une présentation des textes qui associent contenu et compétences recherchées.
Ces annales présentent un déroulement chronologique des différentes épreuves et des sujets posés lors des sessions de juin 2009, 2010 et 2011, et prennent en compte quatre années d'échanges et de concertation entre formateurs au niveau local ou national.
Elles visent également à valoriser un métier avec des compétences reconnues : celles de « proposer à travers le quotidien ou les activités, une rencontre avec l'autre. »
Par cette relation, cet accompagnement ou cette médiation, les personnes accueillies sont invitées à développer des capacités, c'est-à-dire « des parts d'eux-mêmes » restées inexploitées.

Sommaire

Partie 1. Le métier et le diplôme de moniteur-éducateur

Partie 2. Domaine de compétences 1

Partie 3. Domaine de compétences 2

Partie 4. Domaine de compétences 3

Partie 5. Domaine de compétences 4

Partie 1

Le métier et le diplôme de moniteur-éducateur

1 Moniteur-éducateur : une histoire

Le 15 mai 2007, par décret ministériel, le certificat d'aptitude aux fonctions de moniteur-éducateur est devenu le diplôme d'État de moniteur-éducateur.

Cette décision interministérielle vient officialiser et valoriser une fonction historique du travail éducatif : « l'encadrement de la vie quotidienne » dans les institutions sociales ou médico-sociales.

Désormais, cette fonction clairement identifiée représente la spécificité du moniteur-éducateur.

Ce décret, complété par l'arrêté du 20 juin 2007 et ses annexes, précise le contenu professionnel à partir de compétences repérées, associées à des référentiels de certifications.

Ces nouveaux textes ont amené les centres de formation à repenser leur projet pédagogique en fonction des domaines de compétences et du nouveau référentiel métier du moniteur-éducateur. Toutefois, cette modification structurelle n'est pas une révolution, mais une suite logique qui s'inscrit dans une longue histoire, celle de « l'animation et de l'organisation de la vie quotidienne des personnes, enfants ou adultes, en difficulté ou en situation de handicap, pour le développement de leurs capacités de socialisation, d'autonomie, d'intégration et d'insertion, en fonction de leur histoire et de leurs possibilités psychologiques, physiologiques, affectives, cognitives, sociales et culturelles. »

Cette fonction ainsi présentée dans le nouveau référentiel professionnel nomme, sous une formulation réactualisée, une activité historique du travail social qui apparaît sous différentes pratiques au cours du XIXe siècle et du XXe siècle.

L'historien Jacques Bourquin[1] développe largement cette évolution dans ses différentes publications.

Selon cet auteur, le terme moniteur-éducateur apparaît en France entre 1937 et 1945 dans le « sillage de l'enfance irrégulière ».

Cette appellation ME dénote une volonté pédagogique et politique de se démarquer d'une lignée jugée trop répressive de gardiens de colonies pénitentiaires, de maisons

1. Jacques Bourquin, « Approche d'une généalogie des éducateurs et des moniteurs-éducateurs » (Rencontre moniteurs-éducateurs du 30/03/06 à Écully, notes disponibles auprès de l'auteur).

de redressement ou de surveillants d'orphelinats. Structures types créées au milieu du XIXe siècle, dont l'encadrement était assuré par des personnes qui remplissaient à la fois le rôle de surveillant, d'instituteur, de catéchiste selon le modèle de « chef de famille », aidé par des « frères aînés » choisis parmi « les colons ».
La colonie agricole de Mettray[1] (1839-1939) sera la parfaite illustration de cette conception.
Au début du XXe siècle, ces gardiens prennent le non de surveillants, puis vers les années 1930, le nom de moniteurs[2]. Ils sont responsables de la garde des pupilles, veillent à leur bonne tenue, ce sont « de véritables éducateurs », « des anges gardiens » !
À partir de 1937, le terme de moniteur-éducateur apparaît pour nommer le « personnel de base » d'un établissement, d'un centre ou d'un foyer, avec un rôle de surveillance, d'éducation physique, de discipline, d'enseignement scolaire, d'organisation de veillées, de causeries. Pour J. Bourquin, le moniteur-éducateur est « la cheville ouvrière de l'internat ».
Trois maîtres mots vont illustrer cette nouvelle conception : « le vivre avec, le faire avec, le groupe ».
Après les années 1945, l'idée de moniteur-éducateur se développe. Des mouvements associatifs religieux ou d'éducation populaire[3] proposent des formations, et en 1963, le certificat d'aptitude aux fonctions de moniteur-éducateur sera créé par les différents ministères concernés (arrêté du 13 août 1963).
Les décrets du 6 mars 1970 et du 6 juillet 1990 vont officialiser ce métier par un contenu de formation et un diplôme, le certificat d'aptitude décerné par l'Éducation nationale.
Le décret du 15 mai 2007 et l'arrêté du 20 juin 2007 définissent un nouveau diplôme de niveau IV, le DEME.
L'architecture du DEME repose sur la formulation de référentiels : référentiel fonctions/activités, référentiel de certification, référentiel de formation, qui constituent autant de repères explicites.
Cette nouvelle construction part de l'exercice professionnel qui détermine les compétences nécessaires pour exercer le métier de moniteur-éducateur de manière qualifiée. Les lieux professionnels reconnus « sites qualifiants » participent au processus de professionnalisation des stagiaires accueillis, par l'accompagnement pédagogique, l'évaluation du stage et par l'organisation de deux épreuves de certification.

1. « Page d'histoire », *Revue d'histoire de l'enfance « irrégulière »*, hors-série juin 2007.
2. Définition du *Robert* : « Personne qui sert de guide ».
3. Les CEMEA (centres d'entraînement aux méthodes d'éducation active) avec J. Ladsous, l'AMCE (assistantes et monitrices catholiques de l'enfance) avec le chanoine Barthelemy.

II Moniteur-éducateur : un métier

1 Définition de la profession et du contexte de l'intervention (annexe 1 de l'arrêté du 20 juin 2007)

« Le moniteur-éducateur participe à l'action éducative, à l'animation et à l'organisation de la vie quotidienne de personnes en difficulté ou en situation de handicap, pour le développement de leurs capacités de socialisation, d'autonomie, d'intégration et d'insertion, en fonction de leur histoire et de leurs possibilités psychologiques, physiologiques, affectives, cognitives, sociales et culturelles.
Il élabore son intervention avec l'équipe de travail et son encadrement dans le cadre du projet institutionnel répondant à une commande sociale éducative exprimée par différents donneurs d'ordre et financeurs, en fonction de leurs champs de compétences : intervention individuelle (administrative ou judiciaire), collective ou territorialisée. Il intervient dans une démarche éthique qui contribue à créer les conditions pour que les enfants, adultes, familles et groupes avec lesquels ils travaillent aient les moyens d'être acteurs de leur développement et de renforcer les liens sociaux et les solidarités dans leurs lieux de vie.
Le moniteur-éducateur assure une relation éducative au sein d'espaces collectifs et favorise l'accès aux ressources de l'environnement (sportives, culturelles, citoyennes...). Il peut ainsi mettre en place et encadrer des médiations éducatives et des activités de soutien scolaire, d'insertion professionnelle ou de loisirs. Il veille à la qualité de l'animation des structures dans lesquelles les personnes vivent. Les actes de la vie quotidienne sont un support essentiel à son intervention. Il contribue, dans le cadre d'équipes pluriprofessionnelles, à la mise en œuvre au quotidien de projets personnalisés ou adaptés auprès des personnes accompagnées. Grâce à sa connaissance des situations individuelles, il contribue à l'élaboration de ces projets personnalisés et participe au dispositif institutionnel.
Le moniteur-éducateur intervient dans des contextes différents.

Il peut contribuer à l'éducation d'enfants ou d'adolescents ou au soutien d'adultes présentant des déficiences sensorielles, physiques ou psychiques ou des troubles du comportement. Dans ce contexte, il assure une relation éducative avec ces personnes, organise et anime leur quotidien, en les accompagnant dans l'exécution des tâches quotidiennes. Il contribue ainsi à instaurer, restaurer ou préserver leur autonomie.
Il peut également intervenir auprès d'enfants, d'adolescents ou d'adultes en difficulté d'insertion. Par son accompagnement quotidien, conduit dans une visée de socialisation et d'intégration, le moniteur-éducateur aide à améliorer l'adaptation sociale de ces personnes.
Les moniteurs-éducateurs interviennent principalement, mais sans exclusive dans les institutions du secteur du handicap, de la protection de l'enfance, de la santé et de l'insertion sociale assurant une prise en charge collective des publics. Il est employé par les collectivités territoriales, la fonction publique et des associations et structures privées. »

Commentaire : le ME, le professionnel du quotidien
Cette définition précise le rôle, la fonction, le statut et le champ d'intervention de moniteur-éducateur.
Cette réécriture met l'accent sur l'action éducative, sur l'animation et l'organisation de la vie quotidienne des personnes accueillies. Elle en précise les dimensions « collectives et sociales « et situe la finalité de l'intervention : « instaurer, restaurer, préserver l'autonomie des personnes, afin d'améliorer leur adaptation sociale ».
Ce texte ainsi élaboré présente le métier par son contenu et par la finalité du travail. Il n'aborde plus comme précédemment les qualités requises pour exercer cette fonction, et prend une distance avec les conceptions historiques illustrées par les représentations suivantes : tâche de père, de mère de famille, notion de sacerdoce et de vocation (1955), ou encore de « technicien de la relation », terme utilisé dans les années 1960.
Aujourd'hui, la profession est définie à partir d'un référentiel de fonctions et d'activités.
Ce référentiel présenté page 19 réhabilite la notion de « vie quotidienne » dans toutes ses dimensions pédagogiques, éducatives, citoyennes, voire thérapeutiques.
Cette avancée s'appuie sur une pratique, mais surtout sur des travaux théoriques de prise en compte ou de valorisation du « quotidien dans la société ».
Des auteurs comme Michel de Certeau [1], Erving Goffman [2], Brice Bégout [3], Jean-Claude Kaufmann [4] ont, par leurs publications, modifié notre représentation des gestes ou des actes du quotidien.

1. Michel de Certeau *L'Invention du quotidien*, Gallimard, Paris, 1990.
2. Erving Goffman, *La Mise en scène de la vie quotidienne*, Éditions de Minuit, 1992.
3. Brice Bégout, *La Découverte du quotidien*, Allia, 2005.
4. Jean-Claude Kaufmann, *Casseroles, amour et crises*, Armand Colin, 2005.

Dans le champ social, d'autres auteurs tels Paul Fustier [1], Philippe Gaberan et Patrick Perrard [2] ou Yann Le Goff [3] ont permis de penser « le quotidien ».
Ces travaux de recherche ont favorisé une approche plus conceptuelle du travail éducatif.
Pour Yann Le Goff, « le quotidien est la signature du sujet dans son rapport au désir ».
C'est un outil essentiel et premier pour travailler avec des personnes en situation de handicap ou d'inadaptation.
Les moniteurs-éducateurs sont responsables de la qualité du quotidien. Cette qualité conditionne la réalisation des projets individualisés et le bien-être des personnes accueillies.

2 Présentation du référentiel professionnel

Ce référentiel s'organise autour de trois fonctions :
1. exercice d'une relation éducative au sein d'un espace collectif,
2. animation et organisation de la vie quotidienne dans une visée de socialisation et d'intégration,
3. participation au dispositif institutionnel.

1. Exercice d'une relation éducative au sein d'un espace collectif
Engage et s'inscrit dans une relation avec chaque personne par la disponibilité à l'autre, l'écoute, l'observation, la compréhension – se rend disponible et partage des moments individuels et collectifs de la vie quotidienne – « suscite » la rencontre et se montre attentif aux capacités des personnes dans toutes leurs formes d'expression – veille à l'intégrité physique et morale des personnes dont il a la charge – préserve l'intimité et la vie privée des personnes
Contribue à l'élaboration et à la mise en œuvre des projets individuels – observe et comprend la situation des personnes accompagnées – situe la particularité des personnes dans un contexte social et familial – prend en compte le projet des personnes et leur désir dans l'élaboration des actions éducatives
Œuvre au développement des potentialités et à la compensation des difficultés des personnes dont il a la charge – développe l'estime de soi par la valorisation – prend en compte les besoins essentiels et fondamentaux – prend en compte la singularité, les rythmes et les attentes des personnes

1. Paul Fustier, *Les Corridors du quotidien*, PUL, 1993.
2. Philippe Gaberan et Patrick Perrard, *Moniteur-éducateur, un professionnel du quotidien*, Érès, 2004.
3. Yann Le Goff, *Le Quotidien en internat*, Vuibert, 2008.

– assure une fonction de repère et d'étayage
– veille à la sécurité physique des personnes

Interroge et réajuste ses pratiques
– s'interroge et interroge les dimensions éthiques ou déontologiques impliquées dans les pratiques
– exerce un sens critique et participe en équipe à l'analyse des pratiques éducatives
– repère la pertinence et les limites des pratiques
– a conscience des valeurs institutionnelles et associatives

2. Animation et organisation de la vie quotidienne dans une visée de socialisation et d'intégration

Anime et régule la vie de groupe afin de susciter une dynamique structurante entre individu et collectif
– favorise un climat de coopération et de solidarité entre les individus
– garantit la place et la parole de chacun au sein du collectif
– œuvre à la transmission, à la compréhension et aux respect des règles, assume l'autorité

Soutient l'inscription des personnes dans l'organisation spatio-temporelle de la vie quotidienne
– respecte le rythme de chacun
– accompagne l'alternance collectif-individu
– crée les conditions d'apprentissage des actes de la vie quotidienne
– contribue à l'amélioration du cadre de vie

Construit et anime des activités dans les domaines des apprentissages, des loisirs, de la culture dans et hors de l'institution
– propose des activités de techniques éducatives comme support à une fonction de médiation
– prend en compte les contextes et les milieux dans lesquels ces activités s'inscrivent

Favorise l'autonomie et la promotion des personnes et des groupes en créant des situations et des opportunités d'interaction avec l'environnement social
– inscrit les personnes et les groupes dans une dimension citoyenne
– pense et met en œuvre des situations « dedans et dehors » de l'établissement
– favorise l'émergence de projet collectif, de coopération

3. Participation au dispositif institutionnel

Se situe et agit au sein d'une équipe pluriprofessionnelle
– tient compte du projet et des missions institutionnels
– identifie les différents acteurs et les instances
– repère les statuts et fonctions
– connaît les politiques sociales et les cadres juridiques liés à son intervention

Concourt à l'élaboration de l'action éducative
– communique ses observations et ses remarques
– rend compte de ses pratiques

– produit des écrits professionnels
– assure un tutorat pour la formation des futurs professionnels

Participe à l'élaboration et la mise en œuvre d'actions éducatives, dans le cadre d'un projet global
– repère les besoins
– prend en compte la place et le rôle de la famille et/ou des tutelles
– définit des objectifs et moyens d'une action dans le cadre d'un projet plus global
– organise et met en place
– propose, évalue, réajuste et rend compte

Appuie l'intégration en milieu ordinaire par des actions de soutien et de médiation
– mobilise les ressources de l'environnement et en favorise l'accès (école, monde du travail, de la culture et des loisirs...)

Ces trois fonctions décrivent concrètement le travail du ME à partir de tâches, d'activités et de la finalité ou des visées de l'intervention éducative. Cette présentation offre une visibilité du travail réalisé, elle permet d'identifier la place du moniteur-éducateur au sein d'une équipe pluridisciplinaire et elle contribue à valoriser son rôle auprès du public accueilli dans des institutions sociales et médico-sociales.
Enfin, ce référentiel permet d'identifier les capacités et les compétences nécessaires pour exercer ce métier, d'organiser la formation et les épreuves de certification.

3 Les quatre domaines de compétences du référentiel professionnel [1]

Domaine de compétences 1 – Accompagnement social et éducatif spécialisé

Instaurer une relation
Aider à la construction de l'identité et au développement des capacités
Assurer une fonction de repère et d'étayage dans une démarche éthique
Animer la vie quotidienne de l'établissement ou du service
Concevoir et mener des activités de groupe

Domaine de compétences 2 – Participation à l'élaboration et à la conduite du projet éducatif spécialisé

Observer, rendre compte et contribuer à l'évaluation des situations éducatives
Participer à la mise en œuvre d'un projet éducatif

1. Annexe 3 de l'arrêté du 20 juin 2007.

Domaine de compétences 3 – Travail en équipe pluriprofessionnelle

S'inscrire dans un travail d'équipe
Élaborer, gérer et transmettre de l'information

Domaine de compétences 4 – Implication dans les dynamiques institutionnelles

Établir une relation professionnelle avec les partenaires
Situer son action dans le cadre des missions de l'institution et de son projet
Veille professionnelle : s'informer et se former pour faire évoluer ses pratiques

III Moniteur-éducateur : une formation par alternance

Dès 1935, avec l'apparition de l'appellation « moniteur-éducateur », s'est posée la question de la formation de ces nouveaux cadres éducatifs qui ne seront plus recrutés parmi les personnels de l'administration pénitentiaire.

Suite aux différentes révoltes « des colons », dont la plus spectaculaire et la plus médiatisée restera la mutinerie d'août 1935 de Belle-Île-en-Mer[1], l'Éducation nationale propose à des instituteurs de participer à l'encadrement des maisons d'éducation surveillée (nouvelle appellation des colonies pénitentiaires).

Ainsi, en 1936, une vingtaine d'instituteurs volontaires vont suivre une formation de cinq semaines à la prison de Fresnes sous la direction de Jacques Guerin Desjardin, commissaire général des Éclaireurs (Unionistes). Cette session sera encadrée par les futurs fondateurs des CEMEA, des médecins, des juristes.

La formation est associée au mouvement de scoutisme et au mouvement naissant des colonies de vacances.

Cette préparation pédagogique est devenue incontournable pour exercer ce métier.

La formation de ME est conçue dès le départ sous forme de stages pratiques et de sessions théoriques encadrées par les permanents des mouvements d'éducation populaire, laïques ou religieux.

Ainsi les CEMEA[2] mettront en place des stages de 3 mois : 1 mois de formation théorique, 1 mois de pratique, 1 mois d'analyse de la pratique.

Le groupe AMCE[3] catholique proposera une formation de niveau « brevet élémentaire », centrée sur les pratiques de stages et les pédagogies actives.

Ce système d'alternance s'organise autour de trois maîtres mots : le vivre avec, le faire avec, le groupe[4].

---

1. « La chasse à l'enfant » Poème de J. Prévert – Paroles Gallimard 1976.
2. CEMEA, Centre d'entraînement aux méthodes actives.
3. AMCE Assistantes et Monitrices catholiques de l'enfance.
4. Jacques Bourquin – Rencontre ME Ecully, mars 2006.

L'ouverture de ces formations à des étudiants, des chômeurs, des instituteurs, des ouvriers, des séminaristes ou des religieuses, issus du scoutisme et des mouvements de jeunesse, va permettre d'introduire dans les établissements de l'époque une dimension éducative, et d'inventer ainsi le contenu de ce nouveau métier.

Le modèle de formation proposé s'appuie sur les apports et l'évolution des sciences humaines en psychologie, sociologie, et surtout sur les apports de grands pédagogues : M. Montessori , C. Freinet, F. Deligny, F. Tosquelles…

Pour les CEMEA, il s'agit d'un système qui alterne successivement des périodes ou des sessions. « La formation repose pour l'essentiel sur des apprentissages sur le tas auprès d'enfants… La formation demande un effort long et difficile de prise de conscience, de confrontation entre théorie et pratique » (revue de *la Sauvegarde* 1950 citée par J. Bourquin).

Ce modèle basé sur l'alternance fait toute l'originalité des formations en travail social. Il propose une approche pédagogique pertinente entre savoir, savoir-faire, savoir-être.

Aujourd'hui, ce principe de formation fondé sur l'alternance est confirmé par le décret de 2007 qui reconnaît les terrains de stage, renommés sites qualifiants, comme une organisation professionnalisante et apprenante.

Cette nouvelle définition illustre la volonté :

- d'impliquer plus encore les lieux d'accueil dans la formation des futurs professionnels ;
- de placer les stagiaires au plus près des réalités de terrain, des fonctions et compétences spécifiques à chaque métier.

L'accueil, le suivi et l'évaluation des stagiaires s'organisent autour de deux fonctions propres au site qualifiant : celle de référent professionnel et celle de responsable de stage.

Le site devient « qualifiant » dans son accompagnement, mais aussi dans l'évaluation et la certification. Il organise l'évaluation qualitative du stage dans le cadre du DC2 et participe à la certification dans le cadre du DC1 et dans le cadre du DC3 pour les stagiaires ME.

Le site est, comme l'établissement de formation, un lieu d'appropriation et d'acquisition de compétences, ce qui suppose un engagement réel dans le dispositif de l'alternance. Cet engagement est concrétisé par une convention partenariale détaillant, notamment, les domaines de compétences pour lesquelles le site peut participer à la formation de l'étudiant.

Ce mode d'alternance ne se résume plus à une succession souvent discontinue entre des périodes théoriques et pratiques, mais il propose un modèle appelé alternance intégrative où les encadrants pédagogiques – le formateur de terrain, le formateur de l'institut – participent au même titre au processus de formation, où l'apprenant joue un rôle actif dans la construction de son projet de formation, en combinant les savoirs et les situations.

Le schéma suivant illustre les liens et les relations développés par le modèle de l'alternance intégrative.

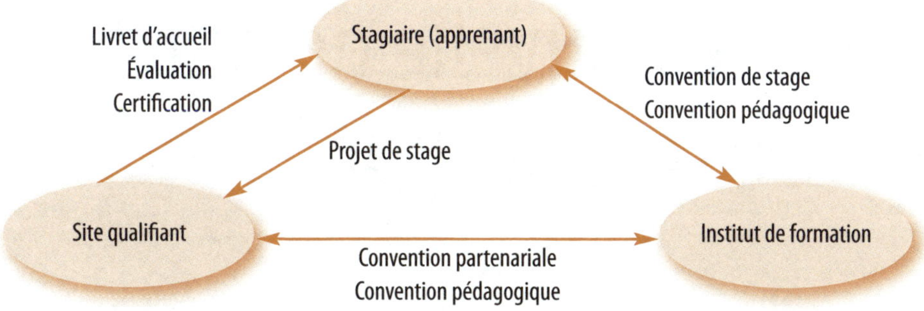

Alternance intégrative

« Chaque stage est organisé dans le cadre d'une convention de partenariat conclue entre l'établissement de formation et la personne juridiquement responsable du lieu de stage.

Par ailleurs, chaque stage fait l'objet d'une convention de stage entre l'établissement de formation, le stagiaire et le responsable de stage.

Cette convention précise les modalités de déroulement du stage, ses objectifs, les modalités d'évaluation, les noms et qualifications du référent professionnel et les modalités d'organisation du tutorat » (article 6, arrêté du 20 juin 2007 relatif au DEME).

Depuis 2007, avec les nouveaux référentiels de compétences, de formation, de certification proposés, les instituts de formation ne sont plus uniquement dans une logique de transmission d'un savoir théorique, mais dans une autre logique guidée par le modèle de l'alternance intégrative associant « réalité de terrain, connaissances théoriques, valeurs professionnelles, formalisation des actions pédagogiques[1]. »

De plus, d'après Marcel Jaeger, membre du Conseil supérieur du travail social, « la formation doit s'ouvrir à d'autres champs, en particulier celui de la justice et celui de la psychiatrie. Elle doit préparer les professionnels à de nouveaux chantiers, tels que la dépendance », l'insertion sociale et professionnelle, la prévention de la délinquance, le travail de partenariat et en réseau, la politique de la ville, le travail sur des territoires.

Le modèle de l'alternance intégrative en prise directe avec une certaine réalité de terrain devrait faciliter l'évolution des dispositifs et des contenus de formation.

1. Marcel Jaeger, revue *Directions* n° 78, octobre 2010.

IV Moniteur-éducateur : une nouvelle démarche de certification

Les apports de la réforme

a. Une nouvelle architecture des diplômes commune à tous les métiers du travail social

La publication du référentiel professionnel des moniteurs-éducateurs en domaines de compétences dans les annexes de l'arrêté du 6 juin 2007 s'appuie sur une nouvelle logique, commune à tous les diplômes du travail social.
Cette nouvelle construction part de l'exercice professionnel qui détermine des compétences nécessaires pour exercer un métier.
Les compétences ainsi repérées conduisent au diplôme selon le schéma suivant :

Le métier ME	→	Compétences	→	Diplôme DEME	→	Formation
Référentiel		**Référentiel**		**Référentiel**		**Référentiel**
Fonction/Activité	→	Quatre domaines de compétences	→	Quatre domaines de certification	→	Quatre domaines de formation

Cette redéfinition permet de mieux identifier le socle commun à tous les métiers et les compétences transférables, quelque soit le secteur d'activité. Le référentiel de formation présenté dans les annexes de l'arrêté identifie, sous forme de thèmes, les connaissances nécessaires à l'acquisition des compétences.

b. Une clarification des fonctions dans le champ éducatif

La publication des textes du DEES et du DEME facilite une meilleure lisibilité entre deux métiers très proches. Les deux référentiels reconnaissent un socle commun d'activités et de compétences, cependant ils en précisent les niveaux attendus et les champs d'intervention spécifiques à chaque métier.

c. Une passerelle entre les diplômes par le « jeu » des dispenses et des allègements des formations

Les titulaires du DEME qui souhaitent présenter le DEES et justifient d'au moins deux années de travail sur un poste éducatif sont dispensés du domaine de certification DC 1 et d'une partie du DC 2, DC 3 et DC 4.
L'obtention de ce nouveau diplôme nécessite, dans le cadre du DC 2, la présentation d'un mémoire, la validation de trois écrits professionnels par les sites de stage dans le cadre du DC 3, et la réalisation d'un dossier à l'occasion du stage, sur le travail en partenariat et réseau, dans le cadre du DC 4.

d. Une formation pratique délivrée au sein des sites qualifiants

« La formation pratique participe à l'acquisition des compétences dans chacun des domaines identifiés au sein du référentiel professionnel au même titre que la formation théorique et ne saurait être dissociée de cette dernière » [1].
Cette démarche d'alternance permet aux étudiants en situation de « stagiaires » de s'approprier les compétences requises par rapport à l'expérimentation et à la réflexion.
Cependant, la réalité rencontrée au cours des stages est souvent plus complexe qu'une simple description de tâches ou qu'une simple addition de compétences. L'activité professionnelle développée dans les « sites qualifiants » s'inscrit dans un environnement économique et social en mutation et elle s'intègre dans « les profondes évolutions de l'action sociale » [2].
La loi 2002 sur les droits des usagers, la loi 2005 sur l'égalité des chances, la loi 2007 réformant la protection juridique des majeurs, la loi du 5 mars 2007 réformant la protection de l'enfance, la réforme de l'ordonnance de 1945, ont considérablement modifié les réponses institutionnelles qui désormais s'appuient sur des notions de droit, d'évaluation des besoins, de participation sociale, de développement de liens sociaux et de citoyenneté.
L'acquisition de ces savoir-faire nécessite un certain nombre de capacités souvent combinées et non juxtaposées, comme pourrait le laisser penser une simple représentation en référentiel.

---

1. Article 6, arrêté du 20 juin 2007.
2. Note à l'attention des membres du jury Rhône-Alpes.
3. Pour une présentation plus complète des sites qualifiants, consulter le site http://centre.sante.gouv.fr/drass/metier/social/sites-qual

e. Une formation basée sur une co-construction « site qualifiant-centre de formation »

Par l'introduction de la notion de « sites qualifiants », les textes reconnaissent une « fonction apprenante » aux établissements professionnels. Ces lieux de stage participent en lien étroit avec les centres de formation au processus de professionnalisation des étudiants.

Le référent professionnel devient le garant de la mise en œuvre de la formation du stagiaire en créant les conditions d'une véritable dynamique d'apprentissage[1]. Ainsi, le référent professionnel co-organise les étapes nécessaires aux acquisitions des compétences, coordonne le stage afin d'impliquer l'institution ou l'équipe dans l'accueil du stagiaire. Enfin, il co-anime les temps d'évaluation du stage dans le cadre du DC 2 et il participe avec le responsable hiérarchique aux épreuves de certification dans le cadre du DC 1 et du DC 3.

1. Pour une présentation plus complète des sites qualifiants, consulter le site http://centre.sante.gouv.fr/drass/metier/social/sites-qual

V Moniteur-éducateur, un métier en plein développement[1]

1 Quelques données

Les emplois de ME sont en forte croissance, le champ médico-social emploie, en 2007, 23 700 ME dans le secteur privé, ce qui représente un peu plus de 24 000 personnes avec le secteur public.

Ces effectifs marquent une forte progression de 83 % depuis l'année 2000.

Ce métier reste très féminin : 63 % de ME sont des monitrices-éducatrices.

Les ME travaillent, pour une majorité, dans le champ du handicap (environ 16 000 personnes).

2 Les caractéristiques des lieux d'emploi des ME

Dans le champ des problématiques sociales : les ME exercent surtout auprès d'enfants en MECS (6 000 personnes, soit 25 % des ME) avec une forte représentation masculine (40 % hommes, 60 % femmes).

Dans le champ du handicap : 30 % des ME exercent auprès d'enfants dans les IME (7 200 personnes) et 30 % des ME exercent auprès d'adultes (dans les foyers, SAJ, FAM…), soit 7 200 personnes.

1. D'après les résultats de l'enquête emploi 2007 réalisée par l'observatoire prospectif des métiers et des qualifications de la branche sanitaire, sociale et médico-sociale, privée à but non lucratif (UNIFAF) mars 2011.

3 Composition des équipes éducatives en fonction du champ d'activité

Dans le champ des problématiques sociales (protection de l'enfance) MECS, les ME occupent 24 % des postes éducatifs (62 % ES, 2 % AMP, 3 % EJE, 3 % éducateurs scolaires, 3 % éducateurs sportifs…).
Dans le champ du handicap (enfant), les ME occupent 22 % des postes éducatifs (42 % ES, 21 % AMP, 3 % éducateurs scolaires, 3 % EJE…).
Dans le champ du handicap (adultes), les ME occupent 21 % des postes (18 % ES, 62 % AMP).

4 Le moniteur-éducateur aujourd'hui

Moniteur-éducateur est un métier en forte croissance. Le nombre de diplômes délivrés (CAFME DEME) est aussi en forte progression : 2 600 personnes en 2005 (1 700 en 2000).
La réforme de 2007, en redéfinissant le référentiel métier autour d'une identité propre, a contribué à une clarification des statuts, à une meilleure répartition des tâches au sein des équipes, et à une progression de ce métier historique désormais revalorisé au sein des équipes éducatives.
Aujourd'hui, les conditions d'emploi du ME sont plutôt favorables, l'offre reste importante, et nous assistons à une très bonne répartition entre les lieux d'exercice : IME 31 %, foyer de vie adulte 31 %, MECS 26 %, CHRS 5 % (autres 7 %).
Cette polyvalence offre un attrait supplémentaire à ce métier centré sur l'animation et l'organisation de la vie quotidienne.
Enfin, selon les employeurs, le recrutement d'un ME correspond à plusieurs besoins ou impératifs :

- Ses compétences spécifiques qui le distinguent des autres métiers.
- Son niveau de qualification, donc de rémunération, qui peut jouer dans le cadre de contraintes budgétaires.
- Ses capacités d'intervention de proximité avec les usagers qui nécessitent que l'intervenant soit porteur de « compétences sociales », compétences qui représentent une réelle « plus-value ».

5 Le moniteur-éducateur, une voie d'accès aux autres métiers du travail social

Historiquement, le métier ME a toujours représenté une voie d'accès à la qualification d'ES, assurant ainsi une certaine forme de promotion personnelle et professionnelle. Avec la réforme des diplômes de 2007, cette possibilité est renforcée par la VAE, par les dispositifs de formation continue, et par le jeu des équivalences et des dispenses.

VI Le DEME : présentation et méthodologie

Le DEME est un diplôme de niveau IV qui comprend sept épreuves de certification pour valider quatre domaines de compétences.

Les épreuves présentées dans le référentiel de certification publié dans les annexes II de l'arrêté du 20 juin 2007 sont associées à un domaine de compétences.

Ce référentiel instaure :

– deux épreuves de certification réalisées au cours des stages sur des sites qualifiants afin de valider une partie du DC 1 (un tiers) et du DC 3 (un tiers),

– une épreuve de certification organisée par le centre de formation, en fonction de son projet pédagogique, pour valider une partie du DC 4 (la moitié),

– quatre épreuves de certification organisées par le rectorat, en fin de formation, pour valider la totalité du DC 2 et partiellement les DC 1, DC 3 et DC 4.

Chaque domaine de compétences doit être validé séparément. Un domaine est validé lorsque le candidat obtient une note moyenne de 10/20.

Le candidat ayant validé les quatre domaines obtient le DEME.

Pour un candidat qui ne valide pas tous les domaines au cours de la session organisée par le rectorat, le jury prend une décision partielle mentionnant le ou les domaines acquis. À compter de cette date de notification, le candidat bénéficie d'une période de cinq ans pour valider l'ensemble du diplôme.

Les candidats en possession d'un diplôme [1] ou d'une validation antérieure par la VAE sont dispensés des domaines de compétences acquis [2].

---

1. Tableau des allègements publié dans les annexes IV du décret de juin 2007.
2. Circulaire interministérielle du 11 décembre 2007.

Tableau des dispenses des domaines de formation (annexe IV du décret de juin 2007)

Diplômes détenus par le candidat / Domaines de formation	Diplôme d'État de technicien de l'intervention sociale et familiale	Baccalauréat professionnel services de proximité et vie locale	Baccalauréat professionnel services en milieu rural	BEATEP spécialité activité sociale et vie locale ou BP JEPS animation sociale
DF 1 Accompagnement social et éducatif spécialisé				
DF 2 Participation à l'élaboration et à la conduite du projet éducatif spécialisé	Dispense			
DF 3 Travail en équipe pluriprofessionnelle		Dispense*	Dispense	Dispense
DF 4 Implications dans les dynamiques institutionnelles	Dispense			

* Uniquement pour les candidats ayant préparé les secteurs d'activité « activités de soutien et d'aide à l'intégration » et « activités participant à la socialisation et au développement de la citoyenneté ».

La dispense d'un domaine de formation entraîne la validation du domaine de compétences correspondant, et donc la dispense de l'épreuve de certification s'y rapportant. Les titulaires d'un des diplômes DEAVS, DEAF, DEAMP bénéficient uniquement d'allègement de formation.

Partie 2

Domaine de compétences 1 « Accompagnement social et éducatif spécialisé »

Présenter et soutenir les deux épreuves pour valider le DC 1

Épreuve réalisée en centre d'examen : soutenance d'une note de réflexion

Épreuve réalisée en cours de formation : évaluation par le site de stage des capacités d'animation du candidat

I Le référentiel de compétences

DOMAINE DE COMPÉTENCES 1 Accompagnement social et éducatif spécialisé	
Compétences	**Indicateurs de compétences**
Instaurer une relation	Savoir prendre en compte la situation de la personne ou du groupe Savoir observer les attitudes et comportements des usagers Savoir développer une écoute attentive et créer du lien Savoir identifier et réguler son implication personnelle
Aider à la construction de l'identité et au développement des capacités	Savoir repérer et mobiliser les potentialités de la personne ou du groupe Savoir repérer et respecter les déficiences, incapacités, handicaps et les facteurs qui font obstacle au parcours individuel des personnes Savoir proposer et mettre en œuvre des activités susceptibles de permettre la progression de la personne aidée dans le respect de ses droits et aspirations Savoir s'interroger et interroger les dimensions éthiques ou déontologiques impliquées dans les pratiques Savoir favoriser l'expression et la communication
Assurer une fonction de repère et d'étayage dans une démarche éthique	Savoir favoriser l'apprentissage des règles de vie collective Savoir utiliser des techniques de gestion de conflits Savoir se positionner auprès de la personne aidée en tant qu'adulte de référence
Animer la vie quotidienne au sein de l'établissement ou du service	Savoir utiliser les actes de la vie quotidienne et de la vie collective comme support des apprentissages Savoir repérer, apprécier en équipe les indices inquiétants concernant la santé ou la mise en danger des personnes confiées Savoir prévenir et repérer les situations de maltraitance Savoir inscrire la vie quotidienne de l'individu ou du groupe dans une dimension citoyenne
Concevoir et mener des activités de groupe	Savoir inventer et organiser des activités dans une visée socio-éducative Savoir analyser les besoins des personnes et contraintes des activités Savoir élaborer, gérer et rendre compte du budget des activités menées Savoir respecter le cadre juridique des activités

II Le référentiel de formation

Contenu indicatif (400 heures)
La personne de la naissance à la fin de vie Approche pluridisciplinaire : physiologique, psychologique, sociologique, socio-économique, philosophique… Le processus de développement de la personne La construction identitaire
Les conditions de la participation à la vie sociale et ses freins Approche des processus de socialisation, d'insertion et d'intégration – Les divers espaces de socialisation – Approche de la compréhension du système familial – Les facteurs de cohésion sociale – Les représentations sociales, les phénomènes culturels Freins au processus de socialisation, d'insertion et d'intégration – Les phénomènes de discrimination et facteurs d'exclusion (socio-économiques, culturels, psychologiques…) – Les dysfonctionnements du milieu familial – Les situations de handicaps et pathologies – Les troubles du développement et de l'apprentissage – Les phénomènes de maltraitance – Les conduites à risques
Fonctionnement collectif et place de la personne Le rapport dialectique entre les contraintes collectives et le respect des individus Élaboration des décisions collectives et apprentissage de la citoyenneté La vie en groupe, approche des phénomènes de groupe, gestion des conflits L'organisation de la vie collective L'action éducative *Les fondements* – Approche historique du travail social et de l'éducation spécialisée – Approche pluridisciplinaire de la relation éducative – Notions fondamentales de pédagogie – Le rapport à la règle et expression de la singularité dans l'action éducative – Approche éthique de la fonction éducative

Supports

– L'entretien, la pédagogie de l'expression, les méthodes d'observation, l'approche pédagogique du quotidien, la médiation éducative

Accompagnement de l'élaboration d'une posture et d'une méthodologie professionnelles
Analyse de pratiques, suivi de formation
Approches méthodologiques liées au domaine de formation (observation, synthèse, compte rendu...)
Appropriation de méthodes de travail (autoformation, atelier d'écriture, recherche documentaire...)

III Épreuve : présentation et soutenance d'une note de réflexion

1 Le référentiel de certification

Intitulé de l'épreuve	Type d'épreuve	Cadre et lieu de l'épreuve
Épreuve : présentation et soutenance d'une note de réflexion	Soutenance orale d'une note de réflexion. Avant de répondre aux questions du jury, le candidat présente de manière synthétique en 5 minutes environ sa note de réflexion d'une quinzaine de pages sur l'accompagnement social et éducatif spécialisé de personnes ou de groupes	**Épreuve en centre d'examen organisée par le recteur** Oral : coefficient 1 Écrit : coefficient 1 (note attribuée avant l'audition du candidat)

Objectif de l'épreuve	Compétences repérées	Modalités de l'épreuve	Interrogateurs ou correcteurs
Épreuve terminale : évaluer les capacités de réflexion du candidat sur l'accompagnement éducatif et social	– Établir une relation – Aider à la construction de l'identité et au développement des capacités – Assurer une fonction de repère et d'étayage – Animer la vie quotidienne de l'établissement ou du service – Concevoir et mener des activités de groupe	Épreuve terminale : épreuve orale d'une durée de 20 minutes	2 interrogateurs (n'ayant pas de lien avec le candidat notamment durant sa formation théorique ou pratique)

2 La note de réflexion

Il s'agit d'un document écrit d'une quinzaine de pages où le candidat témoignera de l'expérience acquise lors de l'un ou l'ensemble des stages sur l'accompagnement social et éducatif spécialisé de personnes ou de groupes.
Les compétences visées à travers ce document portent sur les capacités à instaurer une relation, à aider à la construction de l'identité et au développement des capacités, à assurer une fonction de repère et d'étayage dans une démarche éthique.
À partir d'une expérience éducative (en évitant une trop grande spécialisation), le candidat nous indiquera comment il a su prendre en compte la situation d'une personne, repérer et mobiliser sa potentialité, favoriser l'apprentissage des règles de vie collective et comment il a su se positionner en tant qu'adulte de référence.
Cette note de réflexion doit mettre en évidence, à travers l'expérience relatée, la connaissance d'une population et d'une structure, l'implication du candidat dans une pratique éducative, et ses capacités à expliciter, à analyser des situations éducatives.

3 Conseils et méthodologie pour rédiger « une note de réflexion »

a. Choix du sujet

Le choix du sujet est réalisé par l'étudiant, il va servir de support à sa note de réflexion.
Pour identifier le thème, nous vous conseillons de réaliser en amont un travail de recherche théorique afin de bien définir la problématique des personnes accueillies au sein de l'établissement (site qualifiant) où vous avez effectué votre stage.
Cette démarche préalable vous permettra d'orienter votre réflexion en vous appuyant sur des apports théoriques et de préciser vos choix en les argumentant à partir d'une pratique et des connaissances.
Pour effectuer ce travail de conceptualisation, vous devez partir de vos observations, de vos constats, des problèmes rencontrés dans votre pratique. La formalisation d'une problématique s'appuie sur un étayage théorique à partir de références pertinentes et d'une recherche bibliographique.

b. Proposition de plan

- Introduction *(1 page)*

Indiquer les raisons qui ont motivé le choix du sujet en le situant dans le contexte de votre expérience professionnelle.

Approche théorique *(3 pages maximum)*

Apporter des éléments théoriques nécessaires à la compréhension de votre sujet en vous appuyant sur le travail réalisé dans le cadre d'une recherche sur la « problématique de stage » choisie et sur l'appropriation d'éléments théoriques en lien avec votre pratique.

Le contexte institutionnel *(1 page)*

Le sujet étayé sur le plan théorique sera intégré dans un contexte institutionnel. Indiquer les réponses apportées par l'institution sur le thème choisi.

L'expérience relatée et réflexion *(8 pages maximum)*

L'approche théorique présentée doit servir à analyser et comprendre les situations éducatives évoquées et permettre ainsi un travail de réflexion.

Décrivez les actions menées à travers des études de cas, des actions collectives afin de nous faire partager votre investissement professionnel, votre capacité à utiliser les « matériaux » théoriques, votre réflexion. L'objectif est de valider les compétences visées sur l'accompagnement éducatif spécialisé.

Conclusion *(1 page)*

Mettre en relief vos acquis, vos nouvelles interrogations, les nouvelles perspectives induites par ce travail de réflexion et les prolongements possibles.

Bibliographie

4 Les critères d'évaluation du document[1]

« La note porte sur l'accompagnement social et éducatif de personnes ou de groupes. Elle compte une quinzaine de pages, sans annexe, dactylographiées, police Times 12, interligne 1,5. Les données relatives à des personnes sont rendues anonymes ». Le rectorat demande aux examinateurs d'évaluer et de noter l'épreuve en fonction d'indicateurs, afin de déterminer si le candidat a développé les capacités attendues.

Vérifier la capacité à :	Indicateurs
– élaborer une réflexion sur l'accompagnement éducatif et social	– Éléments d'analyse sur sa pratique d'accompagnement éducatif – Prise en compte de la dimension sociale dans l'accompagnement éducatif – Raisonnement – Signification donnée aux situations d'accompagnement proposées
– questionner sa pratique	– Interrogations sur le sens et le mode d'action au bénéfice de l'usager

1. D'après la note à l'attention des membres du jury DRASS RHÔNE-ALPES/DEME/DC 1.

La qualité écrite du document est prise en compte : cohérence de la réflexion, pertinence de l'articulation théorie-pratique, implication du candidat dans son expérience pratique, formulation et méthodologie adaptées (le candidat pourra s'exprimer à la première personne du singulier).
Les correcteurs attribuent à l'écrit une note sur 20 points (coefficient 1), avant d'interroger à l'oral le candidat.

5 Conseils pour soutenir « une note de réflexion »

a. Modalités de l'entretien

Le candidat soutient sa « note de réflexion » pendant 20 minutes. Après une présentation synthétique de son travail (choix du thème et acquis) pendant 5 minutes, le candidat répond aux questions des examinateurs pendant 15 minutes.

b. Critères d'évaluation de l'entretien

La présentation et la soutenance[1] :

Vérifier la capacité à :	Indicateurs
– argumenter – approfondir une réflexion	– Appropriation de l'écrit – Écoute et réponse aux questions

Le rectorat demande aux membres du jury d'apprécier à l'oral la qualité de la présentation synthétique du document et les capacités du candidat à échanger avec les examinateurs (cohérence des propos, implication personnelle et positionnement éducatif au bénéfice des personnes accueillies).
Une note sur 20 points, coefficient 1, est attribuée à l'oral.

1. Note à l'attention des membres du jury DRASS RHÔNE-ALPES / DEME/ DC 1.

6 Thèmes proposés par les candidats à la session de juin 2009 dans le cadre de leur note de réflexion

- Le cadre éducatif
- La communication avec les personnes déficientes mentales
- La relation parent-enfant en MECS
- L'accompagnement scolaire
- Le travail avec les familles
- Communication et langage
- L'accompagnement des filles issues de l'immigration
- L'accompagnement éducatif des personnes autistes
- Les activités liées à l'eau
- L'accompagnement dans les tâches de la vie quotidienne
- L'obésité chez les enfants
- Le développement des capacités d'autonomie
- La relation éducative, une rencontre avec l'autre
- Construction du projet
- L'enfant et la séparation
- Communiquer autrement
- L'accueil des personnes malades mentales en CHRS
- Citoyenneté et participation sociale des usagers

IV Réaliser et soutenir l'épreuve de certification en cours de formation sur un site qualifiant

1 Le référentiel de certification

Intitulé de l'épreuve	Type d'épreuve	Cadre et lieu de l'épreuve
Évaluation des capacités du candidat à conduire des activités à destination d'un groupe	Évaluation par le site de stage des capacités du candidat à conduire des activités à destination d'un groupe sur la base des indicateurs des compétences « animer la vie quotidienne de l'établissement ou du service » et « concevoir et mener des activités de groupe ». Détermination des notes effectuée à partir des évaluations, conjointement et paritairement par des référents professionnels et des formateurs	**Évaluation organisée en cours de formation** Coefficient : 1

Objectif de l'épreuve	Compétences repérées	Modalités de l'épreuve	Interrogateurs ou correcteurs
Épreuve en cours de formation : évaluer les capacités d'animation du candidat	– Animer la vie quotidienne de l'établissement ou du service – Concevoir et mener des activités de groupe	Lors d'un entretien oral, évaluation, réalisée sur le terrain, des activités conduites par le stagiaire et de la formalisation qu'il en fournit. Cette évaluation est réalisée à partir d'une grille fournie dans le livret de formation	Référent professionnel + responsable hiérarchique

2 Conseils et méthodologie pour préparer l'épreuve orale

a. Modalité de l'entretien

L'épreuve étant réalisée en cours de formation, chaque centre de formation a défini un « protocole de certification » dans le cadre de sa déclaration préalable.
Ce protocole précise la durée de l'épreuve (généralement 1 h), les supports pédagogiques utilisés pour apprécier les capacités du candidat et la nature de la formalisation produite (généralement un dossier).
L'épreuve se déroule au cours d'un stage sur un site qualifiant, l'organisation est élaborée en partenariat avec le centre de formation.
Le référent professionnel est le garant de la mise en œuvre de cette épreuve, en facilitant la réalisation d'une activité et l'implication du stagiaire dans la vie quotidienne. Avec un supérieur hiérarchique du site qualifiant, le référent professionnel participe à l'entretien et rédige l'évaluation.

b. Les critères d'évaluation de l'entretien

Les critères sont présentés dans le livret de formation sous la forme de deux sous-épreuves : animer la vie quotidienne au sein de l'établissement ou du service ; concevoir et mener des activités de groupe.

Grilles pour l'évaluation prévue au DC 1[1]

1) Animation de la vie quotidienne

Compétences	Indicateurs de compétences
Animer la vie quotidienne au sein de l'établissement ou du service	Savoir utiliser les actes de la vie quotidienne et de la vie collective comme support des apprentissages Savoir repérer, apprécier en équipe les indices inquiétants concernant la santé ou la mise en danger des personnes confiées Savoir prévenir et repérer les situations de maltraitance Savoir inscrire la vie quotidienne de l'individu ou du groupe dans une dimension citoyenne Savoir utiliser les techniques de gestion des conflits (liste non exhaustive)

1. Grille fournie dans le livret de formation.

2) Encadrement d'activités

Compétences	Indicateurs de compétences
Concevoir et mener des activités de groupe	Savoir inventer et organiser des activités dans une visée socio-éducative Savoir analyser les besoins des personnes et contraintes des activités Savoir élaborer, gérer et rendre compte du budget des activités menées Savoir respecter le cadre juridique des activités (liste non exhaustive)

Cette épreuve du DC 1 renvoie principalement aux fonctions et aux activités repérées dans le référentiel professionnel, à savoir l'animation et l'organisation de la vie quotidienne dans une visée de socialisation et d'intégration. Elle prend également en compte les capacités du candidat à *œuvrer au développement des potentialités et à la compensation des difficultés des personnes dont il a la charge ainsi qu'à interroger et réajuster ses pratiques.*

3) L'attribution de la note

La détermination de la note se fait à partir des deux documents du livret de formation rédigés par le référent professionnel du candidat. Une commission qui réunit conjointement et paritairement des référents professionnels et des formateurs (n'ayant, en principe, aucun lien avec le candidat notamment durant sa formation théorique ou pratique), attribue une proposition de note sur 20 points (coefficient 1) à partir de la lecture des deux commentaires, en fonction des indicateurs de compétences du DC 1 et d'une échelle de notation [1]. La proposition de note est remise par le centre de formation au rectorat.

3 Conseils pour organiser ou conduire une activité à destination d'un groupe et pour animer la vie quotidienne

Après une période d'observation et en fonction des besoins repérés du groupe ou des usagers, l'étudiant propose au référent professionnel d'activités un projet qui devra être validé par l'équipe.

Cette présentation sous forme de projet s'appuie sur le concept « des activités médiatrices ».

1. Échelle jointe en annexe.

a. Rappel 1

La méthodologie du projet suppose une certaine dynamique, elle s'appuie sur plusieurs étapes.

1. La première étape intitulée « Le diagnostic » est une phase d'observation permettant d'identifier les besoins, les capacités de changement ou d'adhésion des acteurs et de formuler des hypothèses.
2. La deuxième étape est la phase d'élaboration du projet par la définition des finalités, des buts et objectifs, par l'appréciation des ressources ou des moyens, par l'identification de la réglementation et par la construction d'un budget.
3. La troisième étape porte sur la mise en œuvre du projet en fonction d'un calendrier, d'une programmation, d'une réalisation ou d'une création.
4. La quatrième étape porte sur l'évaluation du projet.

Cette démarche vise à revisiter avec un certain recul les différentes étapes du projet réalisé et à apprécier l'adéquation entre les objectifs atteints et les moyens mobilisés. L'évaluation s'effectue à partir de critères et d'indicateurs définis qui permettent d'aborder la pertinence des choix pédagogiques ou des supports utilisés, et d'en valoriser la production ou la réalisation.

Référence bibliographique : J.-P. Boutinet, *Psychologie des conduites à projet*, PUF, 2006.

b. Rappel 2

« Les activités médiatrices »

Dans le travail éducatif, les professionnels nomment « activités médiatrices » toutes pratiques artistiques, culturelles, sportives, ludiques, régulièrement ou ponctuellement mises en œuvre, dans le cadre des prises en charge institutionnelles. L'activité, souvent appelée atelier, vient « faire tiers » dans la relation entre l'usager et l'éducateur.

Ces actions induisent un travail de distanciation et de médiation.

« L'activité médiatrice » est un outil permettant d'entrer en relation avec un usager, tout en prenant en compte les finalités de son projet éducatif.

Référence bibliographique : Yvan Le Goff, « Les ateliers comme médiation, les apports de la démarche », in *Le Quotidien en internat*, Vuibert, 2007, p. 296.

c. Rappel 3

Bilan d'une démarche de projet (projet d'activité ou projet de groupe)

La rédaction d'un bilan doit faire apparaître les apports et les limites de la démarche de projet.

J.-C. Boutinet aborde dans ses publications « les multiples facettes du projet ».

1. Les apports

D'après l'auteur, la démarche de projet permet d'expliciter les objectifs visés en leur donnant une présentation concrète, accessible, tout en tenant compte du sens.

Elle favorise une démarche d'anticipation et elle conduit les auteurs à penser l'action en terme d'innovation, de dépassement.

Enfin, la réalisation d'un projet permet d'aborder sous forme consensuel la complexité des situations, ce qui lui donne une certaine efficacité et peut ainsi restaurer des liens, favoriser la notion de citoyenneté.

2. Les limites

Pour J.-C. Boutinet, la mise en œuvre d'un projet peut se trouver confrontée à la lourdeur des démarches financières, législatives, administratives, pédagogiques, ce qui entrave souvent la dynamique du groupe et amène les auteurs à abandonner, à renoncer ou à réduire leurs ambitions avec un sentiment partagé d'échec ou de désillusion.

Cette situation se rencontre lorsque l'objet visé est trop idéalisé, lorsque les contraintes institutionnelles ou réglementaires sont sous-estimées ou les capacités des participants mal évaluées.

Selon l'auteur, l'importance des démarches matérielles ou financières peut modifier les objectifs du projet qui devient alors un projet de financement perdant par là le sens et la finalité de l'objet initial visé.

De plus, la mise en œuvre d'un projet d'activité, basée sur l'interaction entre les participants peut générer des conflits liés aux appréciations divergentes sur les modalités d'implication, de participation ou d'adhésion. Ce ressentiment provoque des tensions qui viennent contrarier la démarche recherchée rendant le projet comme un « passage obligé ». Cette situation conflictuelle souvent rencontrée, nécessite une bonne approche de la dynamique des groupes et une bonne connaissance des techniques de gestion des conflits (savoirs repérés dans le DC 1).

3. Bilan réalisé par l'étudiant en stage

La rédaction porte sur « l'effet émancipateur du projet » pour l'usager ou les participants et les bénéfices retirés par le stagiaire ME dans le cadre de ses apprentissages en lien avec le DC 1.

Références bibliographiques :

J.-P. Boutinet, *Anthropologie du projet*, PUF, 2007.

J.-P. Boutinet, « Les multiples facettes du projet », *Sciences humaines* n° 39, mai 1994.

Roger Mucchielli, *La Dynamique des groupes*, ESF Éditeur, 2000.

V Projets d'activités présentés par des étudiants au cours d'un de leurs stages

Pratique culturelle

Visite régulière de musées, organisation de sorties théâtre, cinéma, participation à des événements (festival, spectacles…).

Pratique artistique

Ateliers : théâtre, peinture, arts décoratifs, marionnettes, percussion, musique, chant, hip hop…

Pratique sportive

Activité foot, basket, jeux collectifs, randonnées, escalade, ski…

Pratique citoyenne

Visite d'exposition, débats sur des thèmes d'actualité, revue de presse, soirée à thème, télévision, réalisation d'un journal, activité reportage photo ou vidéo, activité tri des déchets, compostage, participation à des journées humanitaires.

Pratique vie quotidienne

Atelier cuisine, anniversaire, fête de Noël, carnaval, soirée ou repas à thème, soirée jeux de société…

Pratique manuelle et créative

Bricolage, terre, bois, jardinage, maquettes, constructions techniques…

Pratique multimédia NTIC (nouvelles technologies de l'information et de la communication)

Vidéo, informatique, Internet, photo numérique, jeux vidéo.

VI Vignette pédagogique DC 1

Le fonctionnement collectif et la place de la personne

La dimension groupale dans l'accueil d'un enfant en institution spécialisée

a. Groupe de vie, groupe de pairs

Le groupe d'accueil propose à chaque enfant un espace intermédiaire de socialisation, un lieu d'expérimentation et d'apprentissage, dégagé des enjeux familiaux et scolaires. Il s'agit pour lui de se confronter à de nouvelles relations partagées, dans la différence des sexes, des cultures, des générations. Différences à partir desquelles chacun se construit et se constitue comme individu singulier et socialisé.

Dans un cadre solide et souple à la fois, permanent, bienveillant et exigeant, l'enfant trouve suffisamment de sécurité pour laisser émerger ses difficultés, mais surtout ses potentialités.

La possibilité lui est offerte de s'inscrire dans une dynamique, une culture propre à son groupe, là où ses réussites peuvent être validées par les adultes et par ses pairs. Peu à peu, l'enfant pourra sculpter la personnalité originale qui s'annonce en lui, à l'écart, pour un temps, des tensions, drames ou conflits qui jalonnent son parcours. Ainsi, chaque groupe est accueilli par des éducateurs dans un lieu personnalisé, adapté aux besoins de chacun.

Dans ces temps de vie collective où l'enfant doit trouver son ancrage, il s'exerce à éprouver les liens au-delà des différences, mais il peut aussi se laisser aller à l'insouciance, aux espiègleries, aux désirs de son âge, voire au risque de la transgression.

Si le groupe de pairs reste le socle du projet éducatif et la référence pour l'enfant, la confrontation à l'autre, plus jeune ou plus âgé, peut également se jouer de manière transversale.

Des temps éducatifs intergroupes (dimanches, soirées, fêtes, compétitions, rencontres) permettent alors à chacun de se situer dans l'histoire des âges, de l'enfance à l'adolescence, dans le passé, le présent et l'avenir.

b. Les activités : les transferts

Les séjours organisés pendant les vacances ou les week-ends jouent un rôle moteur dans les dynamiques individuelles et collectives. Généralement proposés en cours d'année, ces expériences de « voyage » conduisent l'enfant et ses parents à imaginer un ailleurs, une séparation temporaire, une prise de distance avec la famille, le quartier, les tracas quotidiens.
Lors de ces camps – qu'ils se déroulent dans l'itinérance, dans un lieu unique ou variable sur l'année – la dynamique groupale prend vraiment une dimension particulière : elle offre aux enfants un espace privilégié dont ils profitent avidement, gourmands d'expériences valorisantes, enrichissantes. En se référant à un nouveau cadre solide, à des règles permanentes et partagées, chacun trouve là un formidable moyen de participer à l'écriture d'une histoire commune.
Séparation, découverte de soi et des autres, plaisirs, frustrations, confiance, méfiance, violence, chagrins, amitiés, rires et colères, tout ce qui tisse la complexité des liens sociaux et affectifs se condense dans ces quelques jours ensemble, ailleurs, un certain temps . Ces séquences de vie restent dans la mémoire des enfants comme autant de moments constitutifs de leur passage dans l'institution, si l'on en croit ce que disent les jeunes gens en visite amicale, longtemps après leur départ avec en poche un petit carnet de photos-souvenirs.
La participation aux séjours, parfois graduée, progressive, séquentielle, autorise à la différenciation, au changement. Elle propose l'apprentissage des limites, de l'altérité, de la fraternité, elle initie l'enfant urbain à la campagne, la montagne et la mer.
Elle permet tout simplement à certains de découvrir enfin cette mystérieuse voie lactée que les lumières de la ville soustraient à leur vue dans le paysage céleste. Et de s'inscrire un peu mieux dans l'univers et dans le monde des hommes, dans la nature et la culture.
Un travail important s'opère entre tous, parents-enfants-éducateurs, au cours de ces voyages qui, d'une certaine manière, évoquent l'idée du parcours initiatique : transmission intergénérationnelle, mises à l'épreuve morales et physiques, dépassement de soi, reconnaissance par les pairs et les adultes de la maturité acquise au fil du temps.
Ce qui se joue là, dans la distance, constitue pour nous une mine d'observations et de données nouvelles, enrichit notre connaissance de l'enfant et de sa situation familiale, et donne du sens à ce qui se tisse avec les enfants dans les mois à venir.

Partie 3

Domaine de compétences 2 « Participation à l'élaboration et à la conduite du projet éducatif spécialisé »

Présenter et soutenir l'épreuve pour valider le DC 2

Épreuve réalisée en centre d'examen : soutenance du dossier de stage

I Le référentiel de compétences

DOMAINE DE COMPÉTENCES 2 Participation à l'élaboration et à la conduite du projet éducatif spécialisé	
Compétences	**Indicateurs de compétences**
Observer et rendre compte des situations éducatives Participer à la mise en œuvre d'un projet éducatif	Savoir collecter des données et des observations Savoir formaliser et restituer les éléments recueillis Savoir évaluer ses actions dans le cadre du projet éducatif Savoir réajuster son action en fonction de cette évaluation Savoir faire des propositions pour l'élaboration du projet éducatif Savoir mettre en œuvre des activités dans le respect du projet éducatif Savoir prendre en compte les ressources, projets et réseaux internes et externes à l'institution Savoir prendre en compte la place et le rôle des familles Savoir anticiper les difficultés, ajuster et réguler les actions

II Le référentiel de formation

Contenu indicatif (300 h)
Approche globale de la notion de projet La construction des différents projets Les différents projets : associatif et institutionnel ; éducatif, pédagogique et thérapeutique Le projet personnalisé et la notion de référent Approche des processus d'évaluation
L'accompagnement du projet éducatif de l'usager La place de la personne dans la construction de son projet L'usager et ses groupes d'appartenance Les visées du projet La gestion du projet (temporalité, moyens, réglementation, évaluation)
Les supports et cadres de l'action éducative Les techniques éducatives, leur mise en œuvre et leur évaluation Le quotidien et son organisation L'analyse de situations Connaissances des gestes d'urgence et conduites à tenir
La place des familles dans l'action éducative Les compétences des familles et leur rôle dans un projet d'intervention La prise en compte et les conséquences de la relation contractuelle entre l'institution et la famille
Accompagnement de l'élaboration d'une posture et d'une méthodologie professionnelles Analyse de pratiques, suivi de formation Approches méthodologiques liées au domaine de formation (observation, synthèse, comptes rendus…) Appropriation de méthodes de travail (auto-formatlon, atelier d'écriture, recherche documentaire…)

III Épreuve : entretien avec deux membres du jury portant sur la formation pratique

1 Le référentiel de certification

Intitulé de l'épreuve	Type d'épreuve	Cadre et lieu de l'épreuve
Épreuve : entretien avec 2 membres du jury portant sur la formation pratique	Entretien avec 2 membres du jury qui porte sur l'expérience de stage du ME à partir du dossier de stages comprenant : – les projets de stages du ME – les évaluations des stages réalisées par les terrains de stage – le compte rendu de la visite de stage – un écrit du ME pour chaque stage rendant compte de sa participation à la mise en œuvre du projet éducatif (environ 5 pages)	**Épreuve en centre d'examen organisée par le recteur**

Objectif de l'épreuve	Compétences repérées	Modalités de l'épreuve	Interrogateurs ou correcteurs
Épreuve terminale : déterminer si le candidat a su construire au cours de sa formation un positionnement professionnel	– Observer, rendre compte et contribuer à l'évaluation des situations éducatives – Participer à la mise en œuvre d'un projet éducatif	Entretien de 30 minutes	2 interrogateurs (n'ayant pas de lien avec le candidat notamment durant sa formation théorique ou pratique)

2 Préparer l'épreuve portant sur la formation pratique : réalisation du dossier de stage

a. Les projets de stage

L'engagement du stagiaire dans sa formation pratique se traduit par la rédaction d'un projet de stage qui doit être présenté à l'équipe éducative, après une période d'observation.

Ce document élaboré avec l'aide du référent professionnel, consiste à définir les conditions et les aptitudes professionnelles à mettre en œuvre pour appréhender la réalité du travail éducatif. Le choix des objectifs est déterminé en fonction des capacités requises par le lieu d'exercice, par les domaines de compétences à valider et par les attendus rédigés par l'établissement de formation (page 7 du livret de formation). Ces objectifs ainsi définis serviront de base aux bilans intermédiaires et lors de l'évaluation finale de stage.

b. Les évaluations des stages réalisés par les terrains de stage ou sites qualifiants

L'évaluation finale porte sur le travail réalisé par le stagiaire en lien avec les objectifs du projet de stage, du niveau attendu et des compétences professionnelles demandées.

L'équipe évalue le niveau d'acquisition en fonction des indicateurs fournis dans les différents référentiels.

La rédaction du document prévu par les textes doit également aborder les différents aspects d'un processus d'évaluation :

- l'engagement du stagiaire,
- la réalisation des objectifs mentionnés dans le projet de stage,
- les savoirs mis en œuvre et les compétences visées.

c. Le compte rendu de la visite de stage

En fonction de son projet pédagogique, chaque centre de formation organise au minimum une visite de stage qui regroupe sur le site qualifiant les personnels concernés, le référent professionnel, le stagiaire et le formateur.

D'une façon générale, il est convenu que « la visite de stage » vise à aborder le caractère formatif du stage et qu'elle ne remplace pas un bilan.

Préparé par le stagiaire, ce temps d'échange permet de développer les liens entre les approches théoriques et l'expérience pratique afin d'optimiser le processus de formation. Le compte rendu prévu dans les textes devrait porter essentiellement sur les points suivants :

- mise en œuvre du projet de stage,
- modalités des relations équipe/stagiaire,
- niveau de responsabilité du stagiaire,
- écrits ou démarches confiés au stagiaire,
- participation aux différentes instances du site qualifiant,
- démarches à développer,
- réajustement des interventions.

d. Un écrit pour chaque stage

Au cours de cet écrit, le candidat rend compte pour chaque stage de sa participation à la mise en œuvre du projet éducatif.

Dans ce document d'environ 5 pages dactylographiées sans annexe, le stagiaire « décrit, analyse les modalités de sa participation. Il mettra notamment l'accent sur la prise en compte des besoins de la personne aidée, en lien avec les ressources externes et internes à l'institution, et fera des propositions d'évaluation de son action [1] ».

L'écrit se veut synthétique et doit faire apparaître les éléments suivants :

- présentation succincte de la structure,
- position du ME dans la structure,
- compte rendu des actions réalisées dans le contexte de sa participation à la mise en œuvre du projet éducatif.

3 Épreuve de certification : entretien sur le parcours de formation pratique

a. Les modalités de la certification

L'entretien dure 30 minutes. Pendant 5 à 10 minutes, le candidat présente globalement son parcours de formation pratique (mais sans présenter chaque pièce du dossier) et rend compte de manière synthétique de la mise en œuvre d'un projet éducatif.

À l'issue de l'entretien, le jury attribue une note sur 20 à la prestation orale.

---

1. DRASS RHÔNE-ALPES-DEME DC 2.

b. Les critères d'évaluation et la notation de l'entretien

L'oral doit permettre d'évaluer chez le candidat l'évolution de son positionnement professionnel tout au long du parcours de formation, sa participation à la mise en œuvre d'un projet éducatif et sa capacité à échanger sur les différents documents produits dans le dossier de stage.
La qualité de la présentation synthétique du dossier de stage, l'argumentation et la cohérence des propos et l'implication du candidat dans un positionnement professionnel seront pris en compte dans la détermination de la note.

4 Conseils et méthodologie pour rédiger « l'écrit du ME »

Pour réaliser ce document rendant compte de la participation du candidat à la mise en œuvre du projet éducatif, nous vous proposons un plan en 4 parties :

- 1. Présentation administrative de l'institution *(½ page)*
- 2. Présentation du projet pédagogique *(1 page)*

– Problématiques des personnes accueillies.
– Méthodes d'observation et de prise en charge mises en œuvre par les équipes pluridisciplinaires.
– Rôle du ME dans cette institution.

- 3. Présentation de votre participation à la mise en œuvre du projet éducatif *(3 pages)*

Dans votre expérience de stage, choisissez un ou deux cas où vous avez eu à participer à la mise en œuvre du projet éducatif.
Présentez et décrivez comment ont été évalués la situation et les besoins de cette personne et de quelle manière vous avez inscrit votre accompagnement dans le cadre du projet éducatif (problèmes rencontrés, attitudes éducatives adaptées, techniques utilisées, supports), comment vous avez pris en compte cette personne aidée au sein de son environnement (interne et externe à l'institution)

- 4. Évaluation et conclusion *(1 page)*

Vos objectifs d'apprentissage, problèmes rencontrés, pertinence des supports utilisés, cheminement dans un positionnement professionnel, apport de ce temps de formation (articulation théorie-pratique).

IV Rappels méthodologiques

1 L'évaluation du stage par le candidat

Fiche méthodologique pour rédiger son évaluation

INTRODUCTION

– Présenter le public accueilli dans l'institution
– Indiquer votre place, votre positionnement dans le groupe ou le service
– Formuler succinctement les grandes lignes du projet pédagogique

I. Expliquer et commenter le travail réalisé en intégrant votre projet, le projet d'activité, les écrits professionnels réalisés...

– Prendre une ou deux situations pour illustrer en quelques lignes votre implication dans l'exercice d'une relation éducative
– Indiquer votre cheminement dans cet investissement durant toute la durée du stage à travers l'animation de la vie quotidienne et votre participation au dispositif institutionnel.

II. Analyse de votre pratique

– Supports utilisés : réunion avec le référent professionnel, rencontre avec les spécialistes, supervision, recherche bibliographique)
– Réflexions sur le travail réalisé à partir des résultats obtenus, des difficultés rencontrées, des liens entre les apports théoriques de la formation et la pratique professionnelle

CONCLUSION : les acquis de cette expérience

Dans vos propos, vous devez nous faire partager votre engagement dans la formation et votre capacité à développer une réflexion sur l'accueil et le devenir des personnes placées ou confiées

2 L'évaluation du stage par le site qualifiant

Les grands principes de l'évaluation du stage par le site qualifiant
1. L'évaluation commence au début du stage par l'élaboration du projet de stage (les objectifs du projet de stage constituent une part importante des critères d'évaluation).
2. Il faut donc considérer l'évaluation en fonction d'une progression. Les bilans partiels et le suivi régulier devraient faciliter la formalisation du « positionnement professionnel du stagiaire ».
3. Les aptitudes ou les capacités sont à apprécier en fonction d'actes professionnels. En règle générale, il est convenu, pour limiter la subjectivité, que la fonction d'évaluation concerne l'ensemble de l'équipe d'accueil et que les critères soient d'ordre professionnel, éthique, d'engagement, de positionnement vis-à-vis d'un cadre institutionnel.
4. Critères proposés : a/ Connaissance de la réalité institutionnelle, du public accueilli, du rôle et de la place de chaque professionnel b/ Pratique du métier – Capacité d'écoute, de soutien – Capacité à rendre compte de ses observations, à les communiquer en équipe – Aptitude à repérer les difficultés des personnes accueillies – Capacité à assurer une fonction de repère dans une démarche éthique – Responsabilité éducative attendue c/ Réflexion sur sa pratique – Savoir se distancier – Capacité à réfléchir sur son implication et à se remettre en question – S'interroger sur la spécificité de sa fonction
5. L'évaluation finale doit en conclusion faire apparaître les trois aspects du processus de formation : – L'engagement du stagiaire – La réalisation des objectifs mentionnés dans le projet de stage – Les compétences professionnelles acquises

V Conseils et recommandations pour présenter le dossier de stage

1 Durée des stages en fonction du statut du stagiaire

Orientations générales de la formation terrain (extrait de l'arrêté du 20 juin 2007) : Les stages réaffirment de façon concrète la dimension professionnelle du dispositif de formation. Ils contribuent à la professionnalisation des étudiants par l'acquisition de compétences construites à partir d'une confrontation accompagnée aux réalités du terrain. Les situations pratiques participent au même titre que la formation théorique à l'apprentissage de l'exercice du métier. En conséquence, le moniteur-éducateur en formation doit être mis en situation pré-professionnelle pendant les stages.

FORMATION PRATIQUE **7 mois de stage pour les personnes en voie directe**
7 mois de stage répartis en 2 ou 3 stages d'une durée minimum de deux mois
Les stages doivent être représentatifs d'expériences diversifiées en terme de publics et de modalité de prise en charge. Un des stages doit être obligatoirement réalisé dans une structure recevant du public en situation d'internat ou d'hébergement.

FORMATION PRATIQUE **7 mois de stage pour les personnes en situation d'emploi**
Les personnes en situation d'emploi doivent effectuer au minimum un stage d'une durée de deux mois hors de leur structure employeur, et un stage de cinq mois sur le lieu de leur emploi. Le stage extérieur doit être représentatif d'une expérience diversifiée en termes de publics, il devra donc être réalisé souvent par le biais de permutation, entre stagiaires en situation d'emploi, auprès d'un autre type de public. Un des deux stages doit être obligatoirement réalisé dans une structure recevant du public en situation d'internat.

2 Le choix des stages

Les tableaux suivants regroupent les établissements par publics accueillis. Ils permettent d'organiser la formation de terrain en tenant compte des attendus de l'arrêté de 2007 : « La diversité des expériences en termes de publics, de modalité de prise en charge et l'obligation de réaliser au moins un stage en internat ou dans une structure d'hébergement ».

3 Les différents lieux de stage

Les établissements ou services de l'action sociale et médico-sociale sont régis par le code de l'action sociale et de la famille (art. L312-1 et suivants).
Les tableaux suivant regroupent les établissements par publics accueillis.
Les publics sont définis à partir des textes (loi 2005 pour le handicap, loi 2007 pour les problématiques sociales, CASF, Code civil, Code pénal).

4 Tableau n° 1 : lieux de stage auprès d'un public

Domaine du handicap (déficience intellectuelle, motrice, sensorielle, psychique, troubles du comportement et polyhandicap)	
Établissements pour enfants en situation de handicap	
SESSAD	Service d'éducation et de soins à domicile
CAMSP	Centre d'action médico-sociale précoce
IME	Institut médico-éducatif
IMP	Institut médico-psychologique
IMPRO	Institut médico-professionnel
ITEP	Institut thérapeutique éducatif et pédagogique
IEM	Institut d'éducation motrice
INJS	Institut national de jeunes sourds
INJA	Institut national de jeunes aveugles
CLIS	Classe d'intégration scolaire
ULIS	Unité localisée pour l'inclusion scolaire
EREA	Établissement régional d'enseignement adapté
CMPP	Centre médico-psycho-pédagogique

Établissements pour adultes en situation de handicap

ESAT	Établissement et service d'aide par le travail
Centre de réadaptation, de réorientation et de rééducation professionnelles	
Foyer d'hébergement	
SAVS	Service d'accompagnement à la vie sociale
FAM	Foyer d'accueil médicalisé
MAS	Maison d'accueil spécialisée
SAJ	Service d'accueil de jour

5 Tableau n° 2 : lieux de stage auprès d'un autre public

Domaine des problématiques sociales

Établissements de l'aide sociale à l'enfance (ASE)

MECS	Maison d'enfants à caractère social
Foyer de l'enfance	
Centre maternel	
FJT	Foyer de jeunes travailleurs
Structure d'accueil non traditionnel	
Familles d'accueil	
Clubs et équipes de prévention spécialisée	

Établissements de la protection judiciaire de la jeunesse (PJJ)

EPE	Établissement de placement éducatif
EPEI	Établissement de placement éducatif et d'insertion
UEAJ	Unité éducative d'activité de jour
CER	Centre éducatif renforcé
CEF	Centre éducatif fermé

Établissements pour adultes

CHRS	Centre d'hébergement et de réinsertion sociale
Centre spécialisé de soins : toxicomanie, alcoolisme	
Associations d'insertion, entreprises d'insertion	

Cet inventaire des différents lieux laisse apparaître des possibilités importantes dans le choix de stage, le secteur étant organisé afin de répondre au mieux aux besoins des publics accueillis.
Reste la question des ITEP relevant officiellement de la loi de 2005 mais qui, dans la réalité, accueillent des enfants ou adolescents cumulant plusieurs types de problématiques. Un stage en ITEP laisse la possibilité de réaliser un autre stage auprès d'adultes handicapés, ou en CHRS, par exemple, afin de diversifier les expériences en termes de public et de modalité de prise en charge.

6 Les candidats qui n'effectuent pas la totalité de la formation

Les candidats qui ont obtenu une validation partielle du DEME par la formation initiale, par la VAE, ou les candidats qui bénéficient d'une dispense de formation réalisent un stage de deux mois minimum par domaine de formation constitutif de leur parcours personnalisé. Leur dossier de formation devra faire apparaître le ou les stages réalisés et la durée.

VI Conseils et recommandations pour soutenir le dossier de stage

1 La mise en œuvre du projet éducatif et la notion de besoin des personnes accueillies

Dans l'écrit de stage d'environ cinq pages, le candidat présente, analyse, évalue les modalités de sa participation à la mise en œuvre du projet éducatif, en soulignant, notamment, la prise en compte des besoins de la personne aidée.

Pour beaucoup de candidats, la notion de besoins se résume à la pyramide Maslow. Cette approche présente, sous une forme schématique et hiérarchisée, les différents niveaux de satisfaction des besoins (physiologique, de sécurité, d'appartenance…). Dans la pratique, dans le cadre d'une démarche d'élaboration d'un projet, cette approche, si elle peut être parlante, ne permet pas d'identifier réellement les besoins d'une personne. Dans son livre *J'ai besoin d'un toit, mais j'ai envie du château de Chambord*[1], livre écrit à partir d'une expérience d'atelier d'écriture dans un CHU (centre d'hébergement d'urgence) du SAMU social, Babeth Fourest nous montre qu'il serait inopportun d'aborder la notion de besoin sans évoquer la demande et la prise en compte des désirs exprimés. La satisfaction d'un besoin (un toit pour un SDF) n'est souvent pas suffisante, un besoin est souvent l'expression d'autres attentes, d'autres demandes plus relationnelles ou affectives. L'élaboration d'un projet individualisé avec un usager n'est pas uniquement une réponse à ses besoins, mais aussi la perception de ses demandes et l'écoute de ses désirs.

Dans son écrit, le candidat devra, à partir des situations, montrer comment il a su tenir compte des orientations du projet individualisé à travers ses interventions, comment il a su répondre à la singularité des demandes et prendre en compte les désirs exprimés.

---

1. B. Fourest, *J'ai besoin d'un toit, mais j'ai envie du château de Chambord*, éditions Lethielleux.

2 La notion de positionnement professionnel

Les attendus de l'épreuve DC2 visent à évaluer les capacités du candidat, à construire un positionnement professionnel. Cette notion de positionnement est sujette à interprétation, les membres des jurys s'appuyant trop souvent sur leur pratique professionnelle. Cette position des professionnels peut occasionner un débat lors de l'entretien, le jury reprochant au candidat de ne pas valoriser, à travers la présentation de ses expériences, les capacités recherchées.

En effet, cette notion de positionnement, que certains nomment posture[1], fait référence au rôle et à la fonction ME au sein du travail éducatif. Si aujourd'hui ce terme de positionnement semble être bien repéré, à partir de compétences et de capacités visées, historiquement, cette notion a beaucoup évolué. D'une position de chef scout, puis d'adulte de référence, garant d'un cadre, assurant plus ou moins officiellement une fonction de substitut parental, nous sommes passés, avec la réforme de 2007 et la redéfinition des métiers, à une conception plus professionnelle fondée sur des compétences définies à partir des capacités suivantes : capacités à « observer, rendre compte, contribuer à l'évaluation des situations éducatives, participer à la mise en œuvre d'un projet éducatif » et des savoirs associés, entre autres « savoir anticiper les difficultés, ajuster et réguler son action ».

Le positionnement est donc lié à la place occupée et à la capacité du ME à se situer dans une relation de proximité avec les usagers, capacité souvent formulée et résumée par l'expression : « capacité à se positionner dans le cadre de l'intervention sociale ».

Le positionnement est un des éléments constitutifs de la posture et de son ajustement.

Il relève aussi d'un certain savoir-être, d'un certain savoir-faire.

« Le positionnement professionnel attendu du ME porte sur sa capacité d'analyse d'une situation permettant de définir une ou des actions » (Didier Dubasque).

Cette capacité à prendre position recouvre une notion de positionnement éthique, « tout en sachant que chaque situation est unique, et que l'on n'a jamais toutes les cartes en main, toutes les données, toutes les connaissances, toutes les compétences nécessaires[2] ».

---

1. « La posture est une imbrication interactive du savoir professionnel (connaissance, valeurs…), de la pratique professionnelle (expérience), et du savoir être professionnel (attitude, engagement, disponibilité, créativité…) », Armand de Soto.
2. Saül Karsz, *Pourquoi le travail social*, Dunod, 2011.

VII Vignette pédagogique DC 2

De la demande au projet : démarche d'élaboration d'un projet pour un enfant orienté dans une institution spécialisée

Un projet éducatif individualisé dans un accueil de groupe, un travail associant la famille et de multiples partenaires, nécessitent un processus de recueil des demandes, des observations *in situ*, un temps d'analyse de ces données.
Ce dispositif préliminaire débute par un entretien avec la famille et s'achève par la présentation du projet – modulable mais précis – et l'engagement de chaque partie pour sa mise en place.
Le projet est revu régulièrement lors des synthèses.

Les différentes phases de ce processus sont les suivantes :
1. Présentation de la candidature après réception du dossier. Le chef de service, accompagné d'un éducateur ou du psychologue, reçoit la famille et l'enfant. À partir de cette rencontre est prononcée l'admission.
2. L'entretien d'accueil : les éducateurs de groupe reçoivent les parents et l'enfant, et présentent les grandes lignes de l'accompagnement éducatif pour les premiers mois ; les axes de travail du dossier individuel de prise en charge (DIPEC) sont signés.
3. L'entretien familial préliminaire : au cours des premières semaines d'accueil, le psychologue et l'éducateur référent reçoivent la famille. Ainsi les besoins de chacun sont entendus et les modalités de travail avec la famille sont précisées : rythme et forme des entretiens.
4. L'observation de l'enfant dans la vie de groupe et dans son adaptation, l'observation de la participation de la famille, de sa capacité à s'associer au travail éducatif, nous aident à identifier les besoins, les demandes, les attentes, le potentiel du mineur et les ressources de son entourage.

5. Les rencontres par l'éducateur référent des divers partenaires sociaux – en particulier celui qui est à l'origine de la demande d'admission – et des lieux de scolarisation permettent de confronter et d'affiner les points de vue.
6. L'analyse de ces différents éléments confirme les possibilités de travail et donne lieu à la rédaction du projet individualisé, préparé en équipe et élaboré avec la famille. Il est formalisé dans le DIPEC.

L'adaptation du projet à chaque situation singulière se fait par la modulation de sa mise en œuvre sur différents aspects : les temps d'accueil (rythme, taille du groupe, contenus, besoins spécifiques), le maintien d'activités extérieures, la participation plus ou moins rapide aux transferts organisés par l'institution, les modalités de l'accompagnement scolaire, le cadre de travail avec la famille, la mise en place d'aides extérieures spécialisées, le travail de partenariat.
Ce processus permet aux familles d'être associées à ce qui va leur être proposé.
Le projet est réévalué tout au long de l'accompagnement éducatif, et notifié dans les avenants et bilans du DIPEC.
L'esprit de ce processus soutient l'idée d'une aide éducative individuée, modulable, centrée sur l'enfant.
Il met en acte les valeurs éducatives – comme la bienveillance, la bientraitance, le respect de l'égale dignité de chacun, la laïcité – ainsi que les principes fondamentaux de la loi 2002-2.

Partie 4

Domaine de compétences 3 « Travail en équipe pluriprofessionnelle »

Présenter et soutenir les deux épreuves pour valider le DC 3

Épreuve réalisée en centre d'examen pour valider les compétences : élaborer, gérer et transmettre de l'information

Épreuve réalisée en cours de formation par un site de stage pour valider la compétence : s'inscrire dans un travail d'équipe

I Le référentiel de compétences

DOMAINE DE COMPÉTENCES 3 Travail en équipe pluriprofessionnelle	
Compétences	**Indicateurs de compétences**
S'inscrire dans un travail d'équipe	Savoir coopérer avec d'autres professionnels de son service, solliciter leur avis, leurs connaissances, leurs compétences Savoir transmettre ses propres observations Savoir confronter ses observations
Élaborer, gérer et transmettre de l'information	Savoir sélectionner des informations pour les transmettre en protégeant la vie privée des personnes ou le caractère confidentiel des informations saisies Savoir traiter et conserver des informations Savoir donner du sens aux informations pour une aide à la décision Savoir argumenter des propositions Savoir utiliser les nouvelles technologies Savoir rédiger les comptes rendus des situations éducatives

II Le référentiel de formation

Contenu indicatif (125 h)
Compréhension de l'organisation des établissements et services sociaux et médico-sociaux L'équipe et ses différents modes de fonctionnement Les acteurs : statut, rôle, fonction, enjeux Moyens de fonctionnement La question de l'usure professionnelle
Les enjeux de la communication au sein de l'institution *Transmission de l'information* – Les différents vecteurs de transmission de l'information (écrit, oral, nouvelles technologies) – Approche concrète des supports : les comptes rendus d'intervention *Circulation et partage de l'information* – Traitement de l'information dans une approche déontologique en tenant compte du contexte juridique
Accompagnement de l'élaboration d'une posture et d'une méthodologie professionnelles Analyse de pratiques, suivi de formation Approches méthodologiques liées au domaine de formation (observation, synthèse, comptes rendus…) Appropriation de méthodes de travail (auto-formation, atelier d'écriture, recherche documentaire…)

III Réaliser et soutenir l'épreuve de certification : « entretien à partir d'un dossier thématique »

1 Le référentiel de certification

Intitulé de l'épreuve	Type d'épreuve	Cadre et lieu de l'épreuve
Entretien à partir d'un dossier thématique	Entretien à partir d'un dossier, élaboré par le candidat, se rapportant à un domaine professionnel abordé sous divers angles. Le dossier ne devra pas excéder 20 pages.	**Épreuve en centre d'examen organisée par le recteur** Oral : coefficient 1 Dossier support : coefficient 1 (note attribuée avant l'audition du candidat)

Objectif de l'épreuve	Compétences repérées	Modalités de l'épreuve	Interrogateurs ou correcteurs
Épreuve terminale : évaluer les capacités du candidat à réunir des informations pertinentes sur un domaine professionnel donné et à les mettre en forme	Élaborer, gérer et transmettre de l'information	Épreuve terminale : épreuve orale d'une durée de 20 minutes	2 interrogateurs (n'ayant pas de lien avec le candidat notamment durant sa formation théorique ou pratique)

2 Le dossier thématique

Chaque centre de formation a, en fonction de son projet pédagogique, défini les modalités pour réaliser ce document.
Les dossiers présentés au cours de la session de juin 2009 pour cette épreuve montrent plusieurs approches thématiques possibles. Le thème choisi sert de support pour faire valoir les capacités du candidat à élaborer, gérer et transmettre de l'information à l'écrit et à l'oral.

3 Les modalités et attendus du dossier

La thématique du dossier se rapporte à un domaine professionnel abordé sous divers angles.
Le dossier doit comprendre les éléments suivants :

- la démarche et les méthodes utilisées par le candidat dans le choix, le recueil de données;
- la mise en forme des données en référence à la thématique ;
- une réflexion sur l'élaboration et la transmission de l'information dans le contexte et la pratique professionnelle du moniteur-éducateur.

4 Les modalités et attendus de l'entretien

Avant la soutenance orale, le document écrit présenté fait l'objet d'une évaluation et d'une notation sur 20 points, coefficient 1.
L'épreuve orale consiste en un entretien de 20 minutes. Le candidat fait une présentation synthétique de son dossier thématique pendant 5 minutes puis répond aux questions du jury pendant 15 minutes. Une note sur 20, coefficient 1 est attribuée à l'oral.

5 Les critères d'évaluation de l'épreuve (document écrit + entretien)

Vérifier la capacité à :	Indicateurs
– réunir des informations pertinentes sur un domaine professionnel donné	– Diversité et pluralité des sources d'informations – Éclairage du domaine professionnel donné – Méthodes de recueil des informations – Synthèse des informations
– les mettre en forme	– Rigueur du recueil des données – Clarté de la formalisation et de la présentation – Position déontologique par rapport à la transmission (anonymat, précision) – Qualité de l'exposé oral – Capacités à s'engager dans un échange avec les membres du jury – Réflexion sur la démarche

6 Exemples de dossiers thématiques présentés par les candidats en fonction des orientations des centres de formation

- Réalisation d'un dossier professionnel portant sur « l'acte de transmission d'informations » : transmission d'un dossier de résident ou de documents nécessaires pour une aide à la décision.
- Réalisation d'un dossier afin « d'approcher une problématique sociale, de s'approprier une méthodologie sur le partage de l'information dans le cadre du travail d'équipe ».
- Réalisation d'un dossier sur un domaine professionnel identifié à partir d'une problématique sociale. Exemple : la délinquance des mineurs, le vieillissement des personnes handicapées, la sexualité des adultes handicapés, l'accueil des sans-papiers, les SDF…
- Réalisation d'un dossier portant sur des réponses éducatives ou pédagogiques abordées sous divers angles : la sanction, les conduites à risques, l'intimité, la violence, l'usure professionnelle, l'anorexie, la maltraitance.

7 Proposition de plan pour réaliser le dossier se rapportant à un domaine professionnel abordé sous divers angles

a. Objectifs du dossier

Capacité à réunir des **informations pertinentes** sur un domaine professionnel donné, à les **mettre en forme**, à produire un commentaire personnel et à **le transmettre**.

b. Compétences repérées et à valider par le dossier

Savoir élaborer, gérer et transmettre de l'information
La démarche peut être individuelle et collective. Le dossier comprend des parties individuelles (transmettre) et collectives (production d'une recherche).
(Le choix de la thématique est validé par l'établissement de formation.)

Démarche	Plan du dossier	Capacités	Compétences
Individuelle ou collective	Introduction Présentation de la démarche Production d'un travail de recherche Apports et commentaires ou argumentaire personnel sur le thème et la démarche	Réunir des informations Mettre en forme	Élaborer Gérer Transmettre

- La démarche peut être collective : elle vise à favoriser et à identifier les capacités à travailler en équipe, par une approche très concrète de recherche d'informations.
- Le dossier est individuel et ne devra pas dépasser 20 pages (10 pages de rédaction dont au moins 3 pages personnelles et 10 pages d'annexes dont une bibliographie) (Times 12, interligne 1,5).

Les annexes regroupent les éléments secondaires mais nécessaires à une meilleure compréhension du thème.
À titre d'exemple, une fiche de lecture, un compte rendu d'enquête ou d'étude de terrain, un résumé de texte, un commentaire, une interview, des tableaux statistiques ou autres documents, constituent des éléments pertinents qui complètent ou valorisent le dossier.

IV Réaliser et soutenir l'épreuve de certification : « s'inscrire dans un travail d'équipe »

1 Le référentiel de certification

Intitulé de l'épreuve	Type d'épreuve	Cadre et lieu de l'épreuve
Évaluation des capacités du candidat à travailler en équipe pluriprofessionnelle	Évaluations par le site de stage des capacités du candidat à travailler en équipe pluriprofessionnelle sur la base des indicateurs de la compétence « s'inscrire dans un travail d'équipe ». Détermination des notes effectuée à partir des évaluations, conjointement et paritairement par des référents professionnels et des formateurs	**Évaluation organisée en cours de formation** Coefficient : 1

Objectif de l'épreuve	Compétences repérées	Modalités de l'épreuve	Interrogateurs ou correcteurs
Épreuve en cours de formation : évaluer les capacités du candidat à travailler en équipe pluriprofessionnelle	S'inscrire dans un travail d'équipe	Lors d'un entretien oral, évaluation, réalisée sur le terrain, à partir d'une grille fournie dans le livret de formation	Référent professionnel + responsable hiérarchique

2 Conseils et méthodologie pour préparer l'épreuve orale

a. Modalité de l'entretien oral

Comme dans le DC 1, chaque centre de formation a défini dans son protocole de certification, le déroulement de cette épreuve en précisant la durée et les thèmes ou les supports pédagogiques à présenter lors de la soutenance.
L'épreuve se déroule au cours d'un des stages sur un site qualifiant.
Le référent professionnel et le supérieur hiérarchique sont les garants de la mise en œuvre de cette épreuve, ils participent à l'entretien et en rédigent le commentaire en fonction de la grille fournie dans le livret de formation.

b. Les critères d'évaluation de l'entretien

Grille pour l'évaluation (livret de formation)

Compétences	Indicateurs de compétences
S'inscrire dans un travail d'équipe	Savoir coopérer avec d'autres professionnels de son service, solliciter leur avis, leurs connaissances, leurs compétences Savoir transmettre ses propres observations Savoir confronter ses observations

Ces compétences s'exercent principalement dans le cadre des activités décrites dans le référentiel professionnel :

- tient compte du projet et des missions institutionnelles,
- identifie les différents acteurs et instances,
- repère les statuts et les fonctions,
- communique ses observations,
- rend compte de sa pratique et produit des écrits professionnels.

c. L'attribution de la note

Comme pour l'épreuve réalisée en cours de formation dans le cadre du DC 1, la détermination de la note se fait à partir du commentaire rédigé par le référent professionnel. Une commission qui réunit conjointement et paritairement des référents professionnels et des formateurs (n'ayant en principe aucun lien avec le candidat notamment durant sa formation théorique ou pratique), attribue une proposition

de note sur 20 points (coefficient 1) à partir de la lecture du document, en fonction des indicateurs de compétences du DC 3, des activités décrites dans le référentiel professionnel et d'une échelle de notation (échelle jointe en annexe).
Cette proposition de note est remise par le centre de formation au rectorat.

3 Conseils et méthodologie pour préparer l'épreuve

a. L'observation d'une équipe

S'inscrire dans un travail d'équipe nécessite au préalable un repérage des différents acteurs présents au sein de l'établissement lieu de stage, la lecture du projet et la connaissance des missions institutionnelles.
L'observation du déroulement d'une réunion d'équipe permet de découvrir le mode de fonctionnement et les rôles réellement occupés par chaque professionnel. Cette approche devrait faire apparaître très concrètement les écarts entre les référentiels officiels qui déterminent les métiers et la pratique institutionnelle. Ce travail d'identification entre statut, rôle et fonction permet de mieux appréhender la place dévolue au stagiaire et facilite ainsi son inscription au sein d'une équipe.

b. Les différents positionnements professionnels

- Le statut indique la position occupée par une personne au sein d'une équipe en précisant sa place dans le champ d'intervention.
- Le rôle s'apprécie à partir d'attitudes développées par la personne dans les échanges ou le comportement adopté au sein du groupe en réunion.
- La fonction est la contribution du professionnel aux objectifs institutionnels en lien avec ses compétences reconnues.

c. Liste des métiers en fonction de leurs spécificités et des champs d'intervention

Assistant de service social

Dans une démarche éthique et déontologique, il contribue à créer les conditions pour que les personnes, les familles et les groupes avec lesquels il travaille aient les moyens d'être acteurs de leur développement, de renforcer les liens sociaux et les solidarités dans leurs lieux de vie.

Éducateur de jeunes enfants

L'éducateur de jeunes enfants est un travailleur social qui participe à la mise en œuvre de politiques sociales en faveur de la petite enfance.
Il a pour rôle spécifique de mettre en œuvre, en lien avec les familles, dans un environnement assurant l'hygiène et la sécurité de l'enfant, des projets d'actions éducatives adaptées à de jeunes enfants.

Moniteur-éducateur

Le moniteur-éducateur participe à l'action éducative, à l'animation et à l'organisation de la vie quotidienne de personnes en difficulté ou en situation de handicap, pour le développement de leurs capacités de socialisation, d'autonomie, d'intégration et d'insertion, en fonction de leur histoire et de leurs possibilités psychologiques, physiologiques, affectives, cognitives, sociales et culturelles.

Éducateur spécialisé

L'éducateur spécialisé dans le cadre des politiques partenariales de prévention, de protection et d'insertion, aide au développement de la personnalité et à l'épanouissement de la personne ainsi qu'à la mise en œuvre de pratiques d'action collective en direction des groupes et des territoires.
Il aide et accompagne des personnes, des groupes ou des familles en difficulté dans le développement de leurs capacités de socialisation, d'autonomie, d'intégration et d'insertion.

AMP

Le rôle de l'AMP se situe à la frontière de l'éducatif et du soin. Il prend soin des personnes par une aide de proximité permanente dans leur vie quotidienne.
Par le soutien dans les gestes de la vie quotidienne, l'AMP participe donc au bien-être physique et psychologique de la personne.
Il a un rôle d'éveil, d'encouragement et de soutien dans la communication, verbale ou non verbale.

Chef de service

En responsabilité d'une unité de travail, le chef de service a pour mission principale l'encadrement d'une équipe et des actions directement engagées auprès des usagers. Il pilote l'action dans le cadre du projet du service. Sa position d'interface lui confère une fonction spécifique de communication interne. Il occupe un rôle clé pour la mise en œuvre des réponses aux besoins des usagers. Il est, à son niveau, garant du respect de leurs droits et il favorise une réflexion éthique au sein de son service.

Maîtresse de maison

Le maître ou la maîtresse de maison assume une fonction polyvalente dans l'organisation quotidienne du cadre de vie. Sa mission s'effectue en lien avec l'équipe éducative, il ou elle contribue à l'accompagnement de l'usager dans les actes de la vie quotidienne.

Surveillant de nuit

Dans les établissements avec hébergement, il assure la surveillance et la sécurité des enfants ou adultes durant la nuit, dans le respect des personnes accueillies, en conformité avec le projet d'établissement.

Psychologue clinicien

Cadre en situation de responsabilité, il assure en accord avec le projet institutionnel une fonction de soutien, de conseil et d'expertise auprès des professionnels ou du public accueilli.

Personnel paramédical

Kinésithérapeute, ergothérapeute, orthophoniste, psychomotricien…

d. Les écrits professionnels

La rédaction d'un écrit professionnel (compte rendu de synthèse, note de situation, relevé de décisions, rapports d'activité) est le résultat d'un travail d'élaboration collectif.
Il permet de solliciter les avis des autres professionnels, d'apprécier leurs connaissances ou leurs compétences.
Il suppose un partage des observations et un accord sur les propositions ou orientations.
La rédaction d'un écrit professionnel représente un bon support pour témoigner de sa capacité à rendre compte et pour illustrer la compétence « s'inscrire dans un travail d'équipe ».

Référence bibliographique

- Ermitas Ejzenberg, *Les Écrits professionnels dans le secteur social et médico-social*, Vuibert, 2007.

V Vignette pédagogique DC 3

La coopération avec les autres professionnels

Le travail éducatif auprès d'un enfant est surtout un travail d'équipe.
Orienté dans une structure éducative, un jeune est accueilli par un éducateur, membre d'une équipe.
Cette appartenance à une entité professionnelle permet, à la fois, la définition des orientations pédagogiques et des buts visés, la répartition des interventions en fonction des compétences, le partage des tâches et des responsabilités communes, et une certaine continuité dans les prises en charge.
Le travail en équipe se fonde donc sur les capacités de chacun à échanger, ce besoin étant d'autant plus fort que la tâche ou les enjeux de la situation paraissent complexes.
Partager, échanger, formuler des hypothèses de travail, nécessite une certaine liberté d'appréciation, une confiance mutuelle, mais aussi des connaissances, afin d'étayer ses observations, remarques, points de vue ou opinions.
La richesse du travail d'équipe dépend des différents regards ou des différentes appréciations des intervenants impliqués, de la rencontre entre professionnels de statut et de compétences distincts.
Cette complémentarité recherchée entre les différents acteurs d'une équipe pluriprofessionnelle n'existe pas de fait. Elle sous-entend une volonté des membres de s'impliquer dans les échanges, de mettre en commun des informations, une capacité à aborder des différences, à s'exprimer dans un même langage et surtout à communiquer car, dans toute communication, il s'agit avant tout de relation.
Accueillir un enfant confié, c'est donc lui offrir un lieu où il trouvera des repères stables, mais surtout des adultes attentionnés et bienveillants.
Le sens de leurs actions éducatives sera porté par une équipe garante du cadre et de la qualité de la prise en compte des situations.
C'est là toute l'originalité du travail éducatif.

Références bibliographiques

- Roger Mucchielli, *Le Travail en équipe*, ESF, 2007, La Dynamique des groupes, ESF, 2000.
- Dominique Wolton, *Informer n'est pas communiquer*, CNRS Éditions, 2009.
- Michel Crozier et Erhard Friedberg, *L'Acteur et le Système*, éditions du Seuil, 1977.

Partie 5

Domaine de compétences 4 « Implication dans les dynamiques institutionnelles »

Réaliser les deux épreuves pour valider le DC 4

Épreuve réalisée en centre d'examen : étude d'une situation relative aux politiques sociales et aux cadres juridiques et institutionnels

Épreuve réalisée en cours de formation : réalisation d'un écrit sur le repérage du cadre institutionnel et la position du ME

I Le référentiel de compétences

DOMAINE DE COMPÉTENCES 4 Implication dans les dynamiques institutionnelles	
Compétences	**Indicateurs de compétences**
Situer son action dans le cadre des missions de l'institution et de son projet	Connaître le cadre juridique et les missions de l'institution Connaître le projet institutionnel et/ou associatif Savoir identifier les différents acteurs Savoir établir avec ces acteurs les relations nécessaires et justifiées par la mission confiée
Veille professionnelle : s'informer et se former pour faire évoluer ses pratiques	Savoir prendre en compte les évolutions des problèmes sociaux Savoir capitaliser les expériences professionnelles Savoir prendre de la distance par rapport à ses pratiques professionnelles Savoir actualiser ses connaissances professionnelles Savoir assurer une fonction de tutorat pour la formation des futurs professionnels
Établir une relation professionnelle avec les partenaires	Savoir se présenter et présenter son service Savoir accueillir Savoir adapter son mode de communication aux différents partenaires

II Le référentiel de formation

Contenu indicatif (125 h)
Cadre institutionnel, administratif, juridique et politique des dispositifs éducatifs et d'action sociale L'organisation administrative et politique de la France et de l'Europe Les différents dispositifs, établissements et services de l'action éducative, sociale et médico-sociale – scolaires – sanitaires – judiciaires – sociaux et médico-sociaux – ...
Approches des politiques sociales, médico-sociales, éducatives et d'insertion professionnelle ***Approche des cadres juridiques*** Notions de droit civil et de droit pénal Notions de droit du travail Code de l'action sociale et des familles (droit des établissements et services médico-sociaux, droits des usagers) ***Approche du fonctionnement partenarial et en réseau***
Accompagnement de l'élaboration d'une posture et d'une méthodologie professionnelles Analyse de pratiques Approches méthodologiques liées au domaine de formation (observation, synthèse, comptes rendus...) Appropriation de méthodes de travail (auto-formation, atelier d'écriture, recherche documentaire...)

III Épreuve écrite sur les dynamiques institutionnelles

1 Le référentiel de certification

Intitulé de l'épreuve	Type d'épreuve	Cadre et lieu de l'épreuve
Épreuve : épreuve écrite sur les dynamiques institutionnelles	Étude d'une situation proposée au candidat relative aux politiques sociales et aux cadres juridiques et institutionnels (20 lignes maxi). Les principaux axes de réponses attendus sont indiqués au candidat (cadres réglementaires, partenaires identifiés, incidences financières, buts poursuivis, etc.) Le candidat aura le choix entre deux situations proposées.	**Épreuve en centre d'examen organisée par le recteur** Coefficient 1

Objectif de l'épreuve	Compétences repérées	Modalités de l'épreuve	Interrogateurs ou correcteurs
Épreuve terminale : connaissance des politiques sociales, des cadres juridiques et institutionnels de l'action sociale	– Établir une relation professionnelle avec les partenaires – Veille professionnelle : s'informer et se former pour faire évoluer ses pratiques	Épreuve écrite d'une durée de 1 heure 30	1 correcteur

2 Conseils et méthodologie pour rédiger l'épreuve écrite

a. Attendus de l'épreuve

Les sujets proposés visent à évaluer les connaissances des cadres juridiques, des politiques sociales et leur application dans les pratiques éducatives.

b. Proposition de plan

Introduction
En introduction, le candidat reformule la situation en la synthétisant, tout en précisant les enjeux et en donnant une définition des mots clés.

Développement en fonction des consignes ou réponse aux questions
Description des démarches engagées en tenant compte du cadre législatif, institutionnel et des partenaires impliqués. L'analyse de la situation s'appuiera sur des connaissances.
L'ensemble de l'écrit doit être abordé à partir d'une place de ME et doit mettre l'accent sur l'accompagnement éducatif. Le positionnement éducatif présenté, élaboré en lien avec les partenaires doit s'inscrire dans le respect des droits de l'usager, de son projet, et prendre en compte ses besoins.

Conclusion
En conclusion, le candidat reprend la situation, tout en faisant apparaître sa capacité à établir une relation professionnelle et à interroger les pratiques (notion de veille professionnelle).

IV Annales corrigées, juin 2009

SUJET 1

Académies Lyon-Dijon-Nancy

Céline, âgée de 16 ans, est atteinte d'une déficience mentale. Elle est très attachée à ses parents. Suite à leur déménagement, elle est accueillie en institut médico-éducatif (IME). Son arrivée est difficile, tant pour les parents que pour la jeune fille. Céline est malgré tout très dynamique. D'emblée, elle est en demande de contacts avec l'équipe et les autres résidents.
En tant que moniteur-éducateur au sein de l'IME, vous êtes amené à l'accueillir et à lui présenter l'établissement, son organisation, ses modalités de fonctionnement (horaires du lever, des repas, du coucher…) et de prise en charge individualisée.

1 L'IME est soumis, dans la prise en charge de Céline, au respect des droits de l'usager.

- Quelle loi a établi ces droits et quels sont les droits que cet établissement d'accueil doit respecter en référence à cette loi ?
- Par quels moyens/outils le moniteur-éducateur peut-il participer auprès de Céline à la mise en œuvre et au respect des droits inscrits dans cette loi ?

2 Dans le cadre de l'accueil et de l'accompagnement de Céline, comment, en tant que moniteur-éducateur, pourriez-vous mettre en œuvre des préconisations de cette loi au sein de l'IME ?

Loi 2002-2 rénovant l'action sociale et médico sociale.
Lo. 2005 pour l'égalité des droits et des chances ...

CORRIGÉ

Introduction

Suite à un déménagement, la commission des droits et de l'autonomie des personnes handicapées (CDAPH) a prononcé une réorientation de Céline. Cette décision prise en accord avec sa famille doit lui permettre de mieux assurer son insertion scolaire et sociale. L'établissement proposé, l'IME, correspond aux besoins de Céline. Par ses missions et son projet pédagogique, il concourt à sa rééducation en accord avec la loi du 2 janvier 2002 rénovant l'action sociale et médico-sociale, le texte des annexes 24 et de la loi du 11 février 2005 « pour l'égalité des droits et des chances, la participation et la citoyenneté des personnes handicapées.

1 L'IME est soumis au respect des droits des usagers, droits définis dans la loi du 2 janvier 2002 (Code de l'action sociale et des familles). Par ce texte, l'usager se voit reconnaître un certain nombre de droits :
- le respect de sa dignité, son intégrité, son intimité, sa vie privée, sa sécurité,
- un accompagnement individualisé, le libre choix des prestations offertes,
- l'information et la confidentialité des informations le concernant,
- la participation et le respect des liens familiaux,
- la participation à la vie collective de la structure.

Dans chaque établissement des moyens ou des outils sont mis en œuvre pour garantir le respect des droits inscrits dans cette loi. Ainsi, le ME aura à sa disposition :

Le livret d'accueil

Ce document remis à la personne rappelle certains droits, présente l'établissement et les formes de participation des usagers ou de leur famille à la vie institutionnelle.

La Charte des droits et liberté (document annexé au livret d'accueil)

Selon l'arrêté du 8 septembre 2003, une charte est remise à la personne accueillie afin de garantir l'exercice effectif des droits et de notamment prévenir tout risque de maltraitance.

Cette charte comprend 12 articles qui précisent les conditions d'accueil :
- principe de non-discrimination,
  droit à une prise en charge adaptée,
- droit à l'information,
- principe du libre choix, du consentement éclairé et de la participation de la personne,
- droit à la renonciation,
- droit au respect des liens familiaux,
- droit à la protection,
- droit à l'autonomie,

- principe de prévention et de soutien,
- droit à l'exercice des droits civiques attribué à la personne accueillie,
- droit à la pratique religieuse,
- respect de la dignité de la personne et de son intimité.

- **Le règlement de fonctionnement**
Ce document remis à chaque usager précise les modalités concrètes de la vie collective (horaires des repas, règles de sécurité, respect des biens, des personnes).

- **Le contrat de séjour**
Document élaboré avec la personne accueillie et ses parents dans les quinze jours qui suivent son admission, ce contrat comporte plusieurs points dont la description des conditions de séjour et les objectifs de la prise en charge.

- **Le conseil de la vie sociale**
C'est une instance obligatoire dans les IME qui permet aux usagers et à leurs parents de participer au fonctionnement de l'établissement.

- **Le projet individuel** (projet d'accueil et d'accompagnement)
Ce document élaboré par la personne handicapée, ou son représentant légal, et l'établissement, précise ce que l'IME et la personne accueillie ont convenu de mettre en œuvre.

2 Dans le cadre de son travail, le moniteur-éducateur doit prendre en compte les préconisations de la loi en utilisant les moyens ou outils mis à sa disposition comme supports.

L'implication du moniteur-éducateur au quotidien (repas, lever, coucher…) avec la personne nouvellement accueillie devrait faciliter la prise en compte des préconisations : le respect de la vie privée, de l'intimité, de la sécurité, en adaptant ses interventions en fonction des besoins repérés. Par ce travail d'accueil, le moniteur-éducateur contribue à l'élaboration du projet personnalisé dans le cadre du travail d'équipe.

Conclusion

L'accueil d'un nouveau résident est un temps fort de la prise en charge éducative. Si le moniteur-éducateur doit présenter la structure, informer sur les modalités de fonctionnement, il doit surtout solliciter l'avis de la personne, afin de garantir et de respecter ses droits.

Ainsi, au cours de l'accueil, l'accent pourra être mis sur le respect des liens familiaux, sachant que, dans la situation présentée, la jeune fille est très attachée à ses parents. Son projet individuel élaboré après une période d'observation pourra aborder, avec sa famille, la question de son autonomie.

SUJET 2

Académies Lyon-Dijon-Nancy

Vous êtes moniteur-éducateur et vous exercez dans un foyer départemental de l'enfance, établissement public dans lequel intervient une équipe pluriprofessionnelle et dont les missions principales sont l'accueil, l'observation et l'orientation des mineurs confiés. Sur votre unité, une enfant de 10 ans est admise sur ordonnance de placement provisoire. Sa mère a été hospitalisée en urgence et aucun relais familial n'a pu être trouvé. À son arrivée, la mineure manifeste une forte anxiété.

1 Quelle est la loi fixant le cadre actuel du dispositif de protection de l'enfance ? À quel article du Code civil doit-on faire référence dans cette situation ?

2 Identifiez les partenaires institutionnels et interinstitutionnels devant être mobilisés pour accompagner et évaluer la situation de la mineure. Justifiez votre réponse.

CORRIGÉ

Introduction

Puisqu'aucune solution n'a pu être trouvée par les services sociaux, le juge des enfants informé en urgence de la situation a confié par une OPP (ordonnance de placement provisoire) l'enfant au foyer départemental. Dans cet établissement qui dépend de l'ASE (aide sociale à l'enfance), le ME doit donc organiser l'accueil de ce jeune de 10 ans en tenant compte de la situation fort angoissante : milieu non familier, appréhension de la vie en collectivité, inquiétude face à la maladie de la mère, adultes et interlocuteurs inconnus.

1 La loi du 5 mars 2007 (Code de l'action sociale et des familles) réformant la protection de l'enfance comporte un certain nombre d'interventions, de réponses ou de dispositifs élaborés afin d'assurer la prise en charge totale d'un mineur, lorsque ses besoins fondamentaux ne sont plus assumés par les parents. Si l'intervention sociale ne permet pas de remédier à la situation, une mesure de protection judiciaire peut être mise en œuvre par le juge des enfants, dans le cadre de l'article 226-4, CASF.

Dans la situation actuelle, l'enfant bénéficie d'une mesure de protection judiciaire. En effet, en fonction de l'article 375 du code civil : « lorsque… les conditions de l'éducation d'un mineur ou de son développement physique, affectif, intellectuel et social sont gravement compromises », le juge des enfants ordonne une mesure d'assistance éducative par une OPP. Par cette décision judiciaire, le juge confie l'enfant à un établissement habilité, dans l'intérêt de celui-ci.

2 Le foyer départemental de l'enfance est un établissement public qui relève de l'aide sociale à l'enfance (ASE). Sa mission est l'accueil des enfants en privilégiant un accompagnement spécialisé en fonction de la problématique de l'enfant et de la famille. Le projet du foyer vise à remobiliser la famille autour de l'enfant et à l'entourer à travers un certain nombre de ses repères : écoles, loisirs, lien avec la famille…

Dans la situation présentée, afin d'organiser l'accueil et la prise en charge de la « mineure », le moniteur-éducateur devra, dans un premier temps, solliciter l'équipe afin de confronter les observations et de répondre collectivement aux besoins de l'enfant dans le cadre de la vie quotidienne. Les services sociaux de l'ASE, partenaires déjà mobilisés sur cette situation (intervention auprès du juge des enfants) devront être associés à l'élaboration de la prise en charge, en maintenant et développant les liens entre l'enfant, sa mère, avec d'autres membres de la famille et en priorité avec le père.

Le juge des enfants sera régulièrement informé de l'évolution de la situation familiale par l'ASE et par un rapport rédigé par l'équipe ou l'éducateur référent sur le déroulement du placement.

Dans cette situation, l'école est un partenaire à privilégier. Une relation de proximité avec les enseignants permettra d'organiser la poursuite de la scolarisation du jeune par un suivi adapté (organisation des devoirs, rencontre avec les parents, signature des cahiers…).

Enfin, d'autres partenaires pourront être sollicités en fonction des besoins repérés par l'équipe : par exemple suivi psychologique (institutionnel ou à l'extérieur en CMP – centre médico-psychologique), participation à des activités en centre de loisirs, afin de poursuivre ou de proposer des activités.

Conclusion

La situation présentée, résumée en quelques lignes, illustre bien la problématique d'un accueil en urgence. Le peu d'informations sur le vécu de l'enfant impose au moniteur-éducateur d'adapter ses interventions en fonction des besoins repérés au cours de l'accueil.

Cette démarche demande des capacités d'observation, d'écoute, d'attention particulières afin d'atténuer « le choc du placement » et de la séparation.

Enfin, la mise en œuvre du projet individualisé ou de DIPEC (document individuel de prise en charge) demande une bonne connaissance des textes et des dispositifs. La prise en compte de l'intérêt de l'enfant et l'évaluation de ses besoins nécessitent un travail de partenariat qui, seul, permettra de maintenir ou de restaurer des liens entre la jeune de 10 ans, sa famille et son environnement.

SUJET 3

Académies Bordeaux-Nantes-Rennes

Vous êtes moniteur-éducateur au sein d'un centre d'hébergement et de réinsertion sociale (CHRS).

Suzie est une femme âgée de 28 ans. Elle a un enfant de 10 ans, Théo, qu'elle élève seule, le père ne l'ayant jamais reconnu et ayant quitté le domicile à la naissance de l'enfant. Après de nombreuses difficultés financières, Suzie a été contrainte de quitter son logement et s'est installée chez sa sœur. Elle a rencontré un homme avec qui elle a fait des projets. Ils se sont installés ensemble chez lui. Suzie et Théo sont arrivés au CHRS après avoir été expulsés du logement par le compagnon et après avoir appelé le 115. Vous accueillez Suzie et son fils.

Théo ne cesse de pleurer, ce qui énerve sa mère. Le ton monte. Vous essayez de calmer la situation, mais subitement Suzie se retourne et frappe violemment son fils. Elle sort du bâtiment pour prendre l'air. Le lendemain, lors d'un échange avec Théo, vous lui posez quelques questions : celui-ci dit être souvent frappé quand sa mère est énervée ou quand elle a bu, et vous montre des brûlures et des hématomes. Vous décidez d'en parler en équipe.

Le jour suivant, Suzie vous demande conseil. Elle voudrait savoir vers qui se tourner pour trouver un logement social. Mais ce qui l'inquiète, c'est qu'elle ne sait pas si elle remplit les conditions d'attribution. Vous décidez de l'orienter vers les dispositifs appropriés.

1 Quelles sont les missions d'un centre d'hébergement et de réinsertion sociale, et quelle est la population accueillie ?

2 Quelles sont les dispositions que vous prenez en équipe, au regard de la situation de Théo ? Après en avoir discuté au sein de l'institution, à qui seront transmises ces informations ? Votre argumentation s'appuiera sur des dispositions juridiques.

3 Comment pouvez-vous conseiller Suzie quant à sa demande de logement social ? Vers quels partenaires la dirigez-vous ?

CORRIGÉ

Introduction

Madame S. est accueillie avec son fils en CHRS pour répondre à son besoin d'hébergement et pour obtenir de l'aide ou un accompagnement dans sa recherche de logement.

Les attitudes de la mère face à son fils sont préoccupantes et nécessitent une intervention de la part de l'institution.

1 Un CHRS a pour mission d'assurer **l'accueil, l'hébergement, l'accompagnement et l'insertion sociale des personnes en recherche d'hébergement ou de logement.** Ces structures, par une aide éducative et des activités d'insertion professionnelle, favorisent un retour à l'autonomie sociale des personnes accueillies. Les usagers concernés sont des personnes isolées ou des familles (avec ou sans enfants) **ayant de graves difficultés d'insertion, des difficultés économiques, familiales, professionnelles, de logement, de santé...**

2 La **loi du 5 mars 2007 réformant la protection de l'enfance** précise le cadre juridique d'intervention dans la situation de Théo, suite au geste de la mère et à ses déclarations.

Ce texte a réorganisé les **procédures de transmission des informations préoccupantes** par la création dans chaque département d'une cellule de recueil, de traitement et d'évaluation des situations de danger ou de risque de danger.

Avant de lancer la procédure, il peut être opportun d'entendre la mère de Théo afin de recueillir des informations complémentaires, de présenter la situation à l'équipe et d'avertir le responsable hiérarchique.

Madame S. doit être informée des démarches entreprises.

Si tous les éléments semblent aller dans le même sens, il sera possible de lancer une procédure de signalement.

La loi du 5 mars 2007 offre plusieurs possibilités administratives, la voie judiciaire ne doit être que l'ultime recours.

– La première possibilité est d'appeler le 119, qui est le numéro de l'enfance en danger pour avoir des informations. Ce dispositif peut également avertir directement **la cellule départementale de recueil, de traitement et d'évaluation.**

– La deuxième possibilité, qui nous semble adaptée à la situation, est d'en référer à la hiérarchie en tant que salarié de la structure, dans le cadre du partage d'information à caractère secret ou confidentiel.

La direction va informer la cellule départementale de recueil, de traitement et d'évaluation. Suivant les faits rapportés, la cellule va transmettre l'information au président du conseil général.

Celui-ci, s'il ne peut évaluer le danger, ou si la mère refuse l'aide qui lui est proposée alors que l'enfant est en danger au sens de l'article 375 du Code civil, en avertit le procureur de la République qui, selon la nature des faits, saisira le juge des enfants.

– Une troisième possibilité qui, depuis 2007, ne doit plus être utilisée qu'en urgence ou par défaut, est la saisine directe du procureur de la République. **La protection administrative devrait être la voie prioritaire**, la protection judiciaire n'intervenant que subsidiairement.

3 Les personnes concernées par le dispositif relatif à la demande de logement social sont notamment **les personnes jugées prioritaires** (par exemple, les personnes en situation de handicap, les personnes mal logées, défavorisées, qui ont des difficultés pour se loger du fait de problèmes financiers, les personnes hébergées ou logées temporairement dans un établissement ou un logement de transition…).

La demande s'effectue **soit auprès des organismes HLM du département**, soit auprès de la préfecture du département, à la mairie de la ville où le candidat souhaite habiter ou à la mairie de sa résidence actuelle. La demande de logement HLM est valable durant 1 an à compter de son enregistrement, échéance avant laquelle une nouvelle demande devra avoir été transmise.

La loi DALO du 5 mars 2007 a posé le principe d'un droit opposable au logement et à l'hébergement. Ce droit concerne aujourd'hui les personnes dont les demandes sont jugées prioritaires du fait de l'urgence de la situation.

Plusieurs conditions sont à remplir pour pouvoir bénéficier de ce droit. Ainsi, faut-il être de nationalité française, ne pas être en mesure d'accéder à un logement par ses propres moyens et avoir déposé une demande de logement social HLM avec enregistrement du dépôt du dossier.

Madame S. semble remplir les deux premières conditions. Elle devra donc faire une demande de logement social, puis elle devra suivre les deux phases permettant la mise en œuvre de ce droit, un recours amiable puis un recours contentieux.

La première demande s'adresse à la commission de médiation départementale qui la transmet au préfet, afin qu'il procure un logement selon les besoins et les capacités de la personne, si elle juge la demande de logement urgente et prioritaire.

Les personnes sans logement ou hébergées temporairement, ou bien encore menacées d'expulsion sans relogement, sont considérées dans le texte de loi comme prioritaires.

Si le préfet n'a pas fait d'offre de logement ou de relogement, Madame S. pourra saisir le tribunal administratif dans un délai de quatre mois. Ce tribunal pourra ordonner à l'État de la loger.

Conclusion

Officiellement, l'accueil de familles en CHRS vise à aborder et trouver des solutions de logement. Le moniteur-éducateur, dans son travail d'accompagnement au quotidien, est souvent confronté à d'autres demandes, d'ordre éducatif, juridique. Ce travail suppose une bonne connaissance des textes, des procédures et des partenaires.

L'objectif est à la fois de répondre à la demande de la famille et de garantir l'intérêt des enfants accueillis (la protection de Théo dans le cadre de la situation présentée).

SUJET 4

Académies Bordeaux-Nantes-Rennes

Vous êtes moniteur-éducateur au sein d'un service d'accompagnement à la vie sociale (SAVS). Martin, âgé de 23 ans, travaille à l'atelier horticulture de l'ESAT (établissement et service d'aide par le travail) depuis trois ans, et vit en colocation avec un autre ouvrier de l'ESAT. Il rentre chaque week-end chez ses parents.
Il présente une déficience intellectuelle moyenne, caractérisée notamment par un retard de langage et des difficultés de concentration.
Martin est un jeune homme ayant une personnalité introvertie, timide. Il verbalise peu, présente certains comportements à caractère puéril, mais est plutôt autonome dans les actes de la vie quotidienne et respectueux du cadre. Il a une mobylette et a des activités de loisirs associatifs les week-ends. Il est très soucieux du jugement que va porter l'éducateur sur ce qu'il fait. Il est également très dépendant de l'influence maternelle.
Depuis six mois, Martin vit une histoire amoureuse avec Lydie, laquelle travaille également à l'ESAT. Il a espacé ses visites chez ses parents, et fait la demande de « vivre comme il l'entend avec Lydie ». Les familles et les professionnels ont posé quelques règles de fonctionnement à Martin et à Lydie, ce que Martin accepte mal. Il pose quelques actes de violence et, en mars dernier, Martin fait preuve d'une grande violence envers l'éducatrice de Lydie, qui conduira à la mise en place d'un traitement médical.
Suite à cet événement, l'équipe pluridisciplinaire organise une synthèse à laquelle vous participez pour réinterroger le projet individualisé de Martin.

1. Quelles sont les dispositions juridiques essentielles qui devront guider l'équipe ?
2. En tant que moniteur-éducateur, et en lien avec ces dispositions juridiques, quelles sont les propositions que vous formuleriez au cours de cette synthèse ?
3. Avec quels partenaires envisageriez-vous de travailler ?

CORRIGÉ

Introduction

Travailleur en ESAT et bénéficiant d'aide ou de soutien dans le cadre d'un SAVS, Martin souhaite, comme tout adulte, vivre en couple avec sa compagne Lydie. Cette demande impose une redéfinition des objectifs de son projet individualisé et de son accompagnement.

1 Deux textes – loi du 2 janvier 2002 et loi du 11 février 2005 – définissent le cadre des prises en charge des personnes handicapées accueillies dans un établissement

1. **La loi du 2 janvier 2002, intitulée loi rénovant l'action sociale et médico-sociale** réforme la Loi du 30 juin 1975 relative aux institutions sociales et médico-sociales.

Une des lignes directrices de la loi de 2002 est le renforcement des droits des usagers désormais placés au centre du dispositif.

L'idée est de développer les potentialités des usagers et de les accompagner, quand c'est possible, dans une dynamique d'insertion sociale et professionnelle.

Les établissements sont dotés d'outils qui n'étaient pas, jusque-là, obligatoires : projet d'établissement, règlement de fonctionnement, charte des droits et libertés, contrat de séjour, livret d'accueil…

La loi de 2002 préconise notamment à toute personne prise en charge :

– le respect de sa dignité, de son intégrité, de sa vie privée, de son intimité et de sa sécurité,
– le droit à une vie familiale,
– l'accompagnement individualisé et le consentement éclairé, le respect du libre choix des prestations offertes,
– l'information sur ses droits fondamentaux et sur les voies de recours,
– la participation à la conception et à la mise en œuvre de son projet d'accueil et d'accompagnement, la place des familles, ses droits et ses libertés.

2. **La loi du 11 février 2005, intitulée loi pour l'égalité des droits et des chances, la participation et la citoyenneté des personnes handicapées,** donne une définition du handicap et rappelle surtout que les droits fondamentaux reconnus à tout citoyen sont garantis par la société aux personnes handicapées.

Dans la situation de Martin, les dispositions juridiques de ces textes devront guider les membres de l'équipe du SAVS. **L'accompagnement proposé doit favoriser le développement de l'autonomie, en fonction des capacités, besoins et souhaits de la personne.**

2 Propositions d'accompagnement

Conformément au cadre de la loi de 2002, l'équipe doit entendre le souhait de Martin quant à sa vie de couple, et doit favoriser au maximum son autonomie en fonction de ses possibilités.

Martin a des capacités : facilité dans ses déplacements, choix de ses loisirs le week-end, partage d'un appartement en colocation depuis trois ans, autonomie dans les actes de la vie quotidienne.

Un accompagnement progressif vers une vie de couple peut être envisagé pour lui et sa compagne. Le couple aura besoin de comprendre ce qu'engendre une vie à deux (au niveau administratif, financier, du quotidien...). Il s'agira aussi d'aborder la question de la sexualité et de la contraception.

Ainsi en équipe, les éducateurs pourront proposer des étapes afin d'accompagner le couple dans sa demande d'autonomie. Par exemple, Martin et Lydie pourraient passer un ou plusieurs week-ends seuls, pour leur permettre de mieux se projeter dans une vie de couple. Par cette proposition, Martin se sentirait davantage entendu, et cette expérience permettrait aux professionnels d'avoir des éléments d'évaluation.

Suite à la réunion de synthèse, il serait opportun d'avoir un entretien avec Martin au sujet de son projet individualisé (conformément aux dispositions de la loi du 2 janvier 2002 : associer la personne à son projet). Au cours de l'entretien, le ME devra adapter son vocabulaire en fonction du niveau de compréhension, afin d'informer la personne de ses droits fondamentaux et de favoriser un consentement éclairé.

Il sera également nécessaire de lui rappeler l'interdiction de la violence, conformément au règlement de fonctionnement de l'établissement.

Quant à une éventuelle vie en couple à l'avenir, il faudra également avoir un temps de concertation avec les parents de Martin et de Lydie, à ce sujet.

En effet, la famille et la personne sont associées au projet individualisé, conformément aux textes législatifs.

3 Dans le cadre de ce projet de couple et face aux besoins d'informations de ces jeunes adultes, le ME pourra travailler en partenariat avec le planning familial ou une infirmière. Le ME pourra aussi leur permettre de rencontrer ensemble un psychologue pour parler de leur « vie en couple ».

Conclusion

Depuis les lois 2002 et 2005, les usagers accueillis dans les établissements bénéficient de droits. Ces éléments devront être pris en compte par les éducateurs dans le cadre de la synthèse proposée, suite à la demande de Martin de « vivre comme il l'entend avec Lydie » et à ses problèmes de comportements violents.

SUJET 5

Académies Nice-Marseille-Toulouse

La maison d'enfants à caractère social (MECS) « Bleu horizon » est un établissement de l'association « Plein soleil » dont la mission consiste à prendre en charge des mineurs au titre de la protection de l'enfance, tant administrative que judiciaire.
La MECS organise une soirée en montagne pour les usagers, tous confiés par l'aide sociale à l'enfance en accord avec leurs représentants légaux.
L'activité prévoit une marche « facile » pendant quelques heures, ainsi que la dégustation d'un pique-nique confectionné par la cuisinière.
Aimé N., Bianca N. et Romane P., âgés de 8 ans, y sont accompagnés par Nicolas T. et Bernard C., tous deux moniteurs-éducateurs.
Après avoir marché durant trois heures, Bernard C. décide de faire une pause bien méritée dans une prairie à proximité d'un magnifique chalet de montagne. Alors que les trois enfants jouent dans l'herbe, les deux moniteurs-éducateurs s'assoupissent au soleil. Cependant, la petite Romane subtilise le briquet de Nicolas T. durant son sommeil et met le feu au chalet qui est totalement détruit.
Le propriétaire du chalet estime son préjudice à 200 000 euros.
Après plusieurs mois de vaines tergiversations avec les assurances, la victime décide d'obtenir en justice réparation de son préjudice.
Après avoir présenté les différents régimes de responsabilités applicables à la situation, indiquez le plus « favorable » pour la victime.
Puis, précisez les risques encourus par les moniteurs-éducateurs.
Enfin, cernez les responsabilités de Romane.

CORRIGÉ

Introduction

Au cours d'une activité encadrée par deux moniteurs-éducateurs, une enfant de 8 ans, profitant d'un défaut de surveillance, provoque un incendie et crée un préjudice important au propriétaire du bâtiment.
Ce sinistre engage la responsabilité civile des ME présents et la responsabilité pénale de la mineure auteure de l'incendie.

1. La responsabilité civile
La responsabilité civile d'une personne est engagée dans la mesure où une faute a été commise (fait générateur de responsabilité), qu'elle crée un dommage ou un préjudice et qu'un lien de causalité est établi entre le dommage et le fait dommageable (Code civil, articles 1382 et suivants).

Il existe cinq faits générateurs de la responsabilité civile :
- le fait personnel (faute commise par la personne),
- le fait des choses,
- le fait des enfants qui engage la responsabilité des parents,
- le fait d'un employé qui engage la responsabilité d'un employeur,
- le fait d'autrui qui engage la responsabilité d'une personne chargée à titre permanent de l'éducation et de la surveillance d'enfants.

2. La responsabilité pénale d'un mineur

La responsabilité pénale est engagée par tout individu ayant commis une infraction à la loi pénale (crime/délit/contravention).
Un mineur de moins de 13 ans ne peut être condamné à une peine, mais il reste responsable de ses actes. Cette responsabilité pénale s'analyse au regard de sa capacité de discernement et de son âge (article 122.8, Code civil).
Pour être condamné par une juridiction pénale, même à une mesure éducative, le mineur doit avoir compris et voulu son acte, il doit avoir agi avec « intelligence et volonté (arrêt Labourde).

3. Analyse et commentaire de la situation

a) Indemnisation de la victime

Dans la situation, l'établissement qui emploie les deux moniteurs-éducateurs est responsable des fautes qu'ils peuvent commettre dans l'exercice de leur fonction (lien de subordination).
Par le biais de son assureur, le tiers lésé peut donc demander l'indemnisation à l'employeur civilement responsable du fait de ses subordonnés.
L'assurance de l'établissement éducatif devra assumer les conséquences pécuniaires de la responsabilité civile engagée du fait d'autrui.

b) Responsabilité des moniteurs-éducateurs

Leur responsabilité civile est assumée par l'employeur. Leur défaut de surveillance engage leur responsabilité éducative, qu'il y a lieu de distinguer de leur responsabilité juridique.
Relevant des règles déontologiques, cette responsabilité les conduit à être garants de leurs actes face à l'institution et à l'usager. Dans la situation, les ME risquent une sanction disciplinaire de la part de leur employeur (mesure prise par l'employeur consécutivement à un comportement fautif du salarié).

c) Responsabilité du mineur âgé de 8 ans

Placé au titre administratif ou judiciaire, le mineur ne peut se voir infliger par le juge des enfants que des mesures éducatives.
En fonction de la situation et du contexte de l'acte commis, le juge peut prononcer :
- une remise à parents,
- une admonestation,

– une mesure de médiation-réparation,
– une mesure de liberté surveillée ou un placement.

Conclusion

La situation présentée met donc en jeu la responsabilité civile d'un établissement, la responsabilité éducative des ME, et enfin, la responsabilité du mineur auteur du délit.

Déjà confié à un établissement et bénéficiant d'une mesure de protection administrative ou d'une mesure d'assistance éducative (judiciaire), le juge des enfants peut, en dehors de l'admonestation, ordonner un autre placement, afin de mieux protéger l'enfant.

SUJET 6

Académies Nice-Marseille-Toulouse

Alex, 40 ans, réside dans un foyer de vie.
Il est porteur d'un handicap, plus particulièrement d'une déficience intellectuelle légère.
Les parents d'Alex sont décédés. De fait, il bénéficie d'une mesure de protection assurée par une association tutélaire.
Alex vous a manifesté son mécontentement, en tant que « référent » de sa situation, de voir le surveillant de nuit entrer dans sa chambre à 22 heures, dès sa prise de service.
En effet, depuis la fugue d'un résident, il a été signifié au surveillant de pointer la présence des résidents lors de ses rondes et de se conformer aux nouvelles directives.

1 Définissez le cadre administratif et réglementaire du foyer de vie.

2 Citez et développez les mesures concernant la protection des majeurs.

3 Comment garantir ou justifier le droit des usagers ?

CORRIGÉ

Introduction

Résidant au foyer de vie, Alex exprime son mécontentement face à l'attitude du surveillant de nuit.
Cette décision institutionnelle de vérifier la présence des usagers, pour leur sécurité, est vécue comme une intrusion dans sa vie privée.

1 Cadre administratif et réglementaire du foyer de vie

Le foyer de vie est un établissement qui relève des dispositions réglementaires définies par la loi du 2 janvier 2002, rénovant l'action sociale et médico-sociale. Cette loi évoque la nécessité de tenir compte de l'évolution des modes d'accompagnement, d'accueil, de prise en charge et d'insertion des publics en difficulté, tout en réaffirmant les droits des usagers.

Le foyer de vie a la particularité d'accueillir en internat des personnes adultes dont le handicap ne permet pas, ou plus, d'exercer une activité professionnelle. Ces personnes bénéficient cependant d'une autonomie suffisante pour se livrer à des occupations quotidiennes, activités ludiques, éducatives, ainsi qu'une capacité à participer à une animation sociale (les personnes plus dépendantes sont accueillies en maison d'accueil spécialisé – MAS).

L'admission ou l'orientation en foyer de vie se fait sur décision de la commission des droits et de l'autonomie des personnes handicapées (CDAPH).

La CDAPH est une commission mise en place par les MDPH (maisons départementales des personnes handicapées), dont les modalités ont été fixées par décret, dans le cadre de la loi du 11 février 2005, pour l'égalité des droits et des chances, la participation et la citoyenneté des personnes handicapées.

2 Les mesures de protection des majeurs

Le régime de protection des majeurs comporte trois dispositifs : la tutelle, la curatelle et la sauvegarde de justice.

La tutelle accorde la protection la plus complète. Elle est réservée aux personnes qui ont « besoin d'être représentées d'une manière continue dans les actes de la vie quotidienne ».

Le tuteur ou l'association tutélaire représente la personne dans la gestion de ses biens. Le juge des tutelles (tribunal d'instance) peut toutefois énumérer certains actes que la personne peut faire seule.

La curatelle, mesure intermédiaire, s'applique aux personnes qui ont besoin d'être « conseillées ou contrôlées ». La personne sous curatelle peut effectuer seule certains actes, avec la signature de son curateur. La curatelle ne prive que partiellement le majeur protégé de sa capacité juridique (il ne perd pas son droit de vote, par exemple).

La sauvegarde de justice est une mesure de protection temporaire. Elle concerne les personnes qui ont besoin d'être protégées à cause d'une altération passagère, ou qui attendent une décision de protection plus contraignante.

Le majeur sous sauvegarde de justice dispose de tous ses droits.

La loi du 5 mars 2007, portant réforme de la protection juridique des majeurs, réorganise le régime de protection en affichant clairement la volonté de rappeler les droits des personnes protégées.

Elle instaure un dispositif social en amont, avec une nouvelle mesure administrative d'accompagnement social personnalisé (MASP), mise en œuvre par les départements à partir du 1er janvier 2009 (référence bibliographique : J. Jean, A. Jean, *Mieux comprendre la tutelle et la curatelle*, Vuibert, 2009).

3 Droits des usagers

La loi du 2 janvier 2002 (Code de l'action sociale et des familles) vise la reconnaissance des droits des personnes en difficulté.

Sept droits sont garantis à toute personne prise en charge :

- le respect de sa dignité, de son intégrité, de sa vie privée, de son intimité et de sa sécurité,
- le libre choix des prestations,
- un accompagnement individualisé de qualité,
- la confidentialité,
- l'accès à toute information,
- une information sur ses droits fondamentaux,
- sa participation directe au projet d'accueil.

Conclusion

Dans la situation présentée, la demande du résident est légitime. La décision d'entrer dans sa chambre est contraire au règlement de fonctionnement établi dans le cadre du conseil de vie sociale, qui garantit à chaque usager le respect de ses droits et notamment en ce qui concerne son intimité.

Les résidents ont droit au respect de leur intimité à tout moment de la journée. Les professionnels doivent garder en toute circonstance, dans leurs gestes, paroles et attitudes, la distance et la retenue nécessaires à une relation éducative : frapper et attendre d'y être invité avant d'entrer dans une chambre, par exemple.

SUJET 7

Académies Lille-Arras-Amiens

Vous êtes moniteur-éducateur en poste dans un IME qui accueille des enfants âgés de 12 à 14 ans, orientés par la MDPH.

Dans le cadre de votre travail, vous proposez d'organiser un transfert de cinq jours à la montagne pour les vacances de février.

Le directeur vous rappelle que la circulaire du 26 mars 2003 relative à l'organisation des transferts temporaires d'établissements pour enfants et adolescents handicapés, réglemente ce type de séjour. Il vous demande de prendre en compte ce texte et de

venir présenter votre projet au conseil de vie sociale afin de répondre aux questions des usagers et/ou de leurs représentants et de solliciter l'avis du conseil.
En votre qualité de moniteur-éducateur sur le groupe, présentez votre projet en précisant :
- les objectifs poursuivis ;
- le cadre législatif ;
- les responsabilités qui incombent aux professionnels intervenant dans ce cadre ;
- la mise en place du travail avec les familles ;
- les partenaires impliqués ;
- la constitution du dossier des enfants avec, entre autres, la gestion des médicaments ;
- l'organisation du séjour (transport, encadrement, activités...).

CORRIGÉ

Introduction

L'organisation d'activité ou d'un transfert relève d'une des fonctions du référentiel professionnel du moniteur-éducateur (fonction 2 : « construit et anime des activités dans les domaines des apprentissages, des loisirs, de la culture dans et hors de l'institution. »)
Le projet présenté dans la situation : l'organisation d'un séjour de montagne nécessite un travail d'anticipation et de préparation, afin de répondre au mieux aux besoins des usagers.
Les textes et les procédures d'élaboration proposent un cadre juridique précis pour l'organisation et l'encadrement d'un transfert tout en définissant les responsabilités institutionnelles et personnelles engagées.

Élaboration du projet

Dans le cadre du travail d'élaboration, le projet du ME doit prendre en compte les recommandations proposées par la circulaire du 2 mars 2003 relative à l'organisation des transferts temporaires d'établissements pour enfants et adolescents handicapés.
« Un transfert doit, tout en se situant dans la continuité de la prise en charge, être l'occasion de créer une rupture dans un mode de relation établie..., susceptible de faire évoluer l'enfant vers une plus grande socialisation ou autonomie. »
Le conseil de vie sociale, institué par la loi du 2 janvier 2002, rénovant l'action sociale et médico-sociale, est une instance d'échanges et de concertation sur toutes les questions intéressant le fonctionnement d'un établissement et l'accueil des usagers.

Le décret du 25 mars 2004 en fixe l'obligation et les modalités de fonctionnement, son objectif étant de garantir les droits des usagers et leur participation au fonctionnement de l'établissement.
Composé de représentants des personnes accueillies, des parents dans le cadre d'un IME, du personnel et de la direction, le conseil de vie sociale donne, entre autres, son avis sur l'organisation de la vie quotidienne, des activités et des projets.

Présentation du projet

- Les objectifs poursuivis : le bien-être des usagers, tout en assurant une continuité dans les objectifs du projet éducatif et des projets individualisés.
- Cadre législatif : la structure d'accueil doit bénéficier d'un agrément en conformité avec le fonctionnement de l'IME (Annexes 24).
- Responsabilité : tous les intervenants doivent posséder les diplômes ou les compétences requises pour assurer l'encadrement du séjour, en fonction de la réglementation définie pour chaque activité.
  Le personnel présent doit connaître les règles de sécurité, ses modalités, et savoir à qui s'adresser à tout moment en cas de problème.
- Travail avec les familles : en IME, les parents sont associés à l'élaboration d'un projet de séjour, ils sont informés et ils doivent donner leur accord.
  Dans l'organisation, les familles sont invitées à donner tous les renseignements nécessaires sur l'enfant afin de garantir un bon déroulement du séjour (traitements médicaux, régimes alimentaires, autorisation écrite permettant d'apporter aux enfants les soins nécessaires).
  L'avis du CVS est transmis aux familles.
- Partenaires impliqués : concernant **les soins**, si l'infirmière n'est pas présente au cours du transfert, il faut élaborer au préalable un protocole sur les dispositions à prendre en cas d'urgence (liste des médecins, hôpitaux de proximité). Concernant **l'action éducative**, les activités doivent être préparées avec les encadrants afin de les inscrire dans la continuité des projets, en fonction des possibilités des enfants et de la réglementation de la Jeunesse et des Sports.
- Constitution du dossier des enfants : le ME responsable du transfert doit disposer d'un dossier succinct sur chaque enfant. La prise de médicaments qui relève de la vie courante pourra être confiée à un éducateur suffisamment informé des doses prescrites (ordonnance jointe au dossier).
- Organisation du séjour : l'organisation matérielle du transfert, la composition de l'équipe encadrante sont définies dans le projet.
  Le directeur de l'établissement, en qualité de responsable, doit vérifier et s'assurer que les conditions réunies permettent un bon déroulement du séjour.

Conclusion

L'organisation d'un transfert nécessite des compétences et des savoir-faire, afin d'utiliser ce temps hors institution comme support d'apprentissage, de socialisation et d'autonomie pour les enfants accueillis en IME.

Ce travail ne peut être entrepris qu'en associant les familles et après avis du CVS. En tenant compte de la circulaire du 26 mars 2003, dans son travail de préparation, le ME témoigne d'une posture professionnelle qui respecte le droit des usagers tout en favorisant une prise en charge éducative adaptée.

SUJET 8

Académies Lille-Arras-Amiens

Vous travaillez en tant que moniteur-éducateur dans un foyer de vie accueillant des adultes – hommes, femmes – présentant une déficience intellectuelle.

Les chambres sont individuelles ; le premier étage est destiné aux hommes et le second aux femmes.

Tous sont sous tutelle, mesure de protection juridique pour majeurs.

Vous prenez votre service, et en réveillant vos résidents, vous constatez que Patrick est dans la chambre de Jacqueline, avec laquelle il vous dit avoir passé la nuit.

– Quelle attitude adoptez-vous au regard du règlement du foyer ?
– Quel(s) droit(s) la loi reconnaît-elle aux résidents sur leur vie intime ?
– Y a-t-il des personnes que vous devez avertir ?

CORRIGÉ

Introduction

Les foyers de vie accueillent des personnes handicapées relativement autonomes dans les actes de la vie quotidienne.

Depuis la loi du 2 janvier 2002, un règlement de fonctionnement établi dans le cadre du conseil de vie sociale (CVS) définit les droits et les obligations du résident concernant sa vie affective à l'intérieur du foyer.

Ce règlement est présenté et remis à chaque résident lors de son accueil. Il dicte donc l'attitude à adopter dans la situation présentée.

Développement

La sexualité des personnes adultes handicapées est un thème souvent abordé au cours des réunions du CVS (commission qui regroupe des représentants des usagers, des professionnels et de la direction).

En effet, la vie affective et sexuelle est un droit reconnu à tous les adultes, quel que soit leur statut, sous réserve d'un consentement libre et éclairé et des interdictions posées par la loi.
Le règlement de fonctionnement et le contrat de séjour peuvent aménager ce droit en définissant les modalités d'organisation des locaux entre usage collectif et usage privé, en prenant des mesures relatives au respect et à la sécurité des personnes : par exemple, restriction de déplacements entre les étages pour garantir la sécurité des personnes séjournant au deuxième étage.
Le moniteur-éducateur témoin de cette situation devra, dans un premier temps, intervenir en fonction du règlement intérieur, en rappelant le respect de « l'intimité de l'autre, de sa vie privée et de sa sécurité. » (loi 2002)
Puis le ME devra aborder la situation avec les membres de l'équipe afin de définir une position commune par rapport à la transgression du règlement de fonctionnement, et d'évaluer la nature du comportement de Patrick en fonction du discours de Jacqueline.
En cas de non-consentement, si l'acte sexuel est commis avec violence, contrainte, menace ou surprise, il constitue une agression sexuelle passible de sanction pénale.
Les deux adultes bénéficiant d'une mesure de protection juridique pour majeurs, la loi du 5 mars 2007 rappelle que le consentement de la personne protégée doit être recherché concernant sa vie affective, et que le Code pénal pose le principe d'irresponsabilité des personnes sous tutelle.

Conclusion

La loi du 2 janvier 2002 et ses outils, le livret d'accueil, la Charte des droits et des libertés et le contrat de séjour garantissent des droits aux personnes accueillies dans un foyer de vie.
L'établissement impose des limites à ces droits fondamentaux par le règlement de fonctionnement.
En matière de sexualité ou de vie affective, les limites devront s'appliquer dans le respect de certains principes : respect de l'intimité, droit à l'information sur la sexualité (contraception, prévention MST…).
La situation présentée est l'occasion d'aborder à nouveau ce sujet au niveau institutionnel, en demandant aux deux résidents, en fonction de leur capacité, de préciser leurs attentes.
Si la prise en compte de leur demande n'est pas conforme au règlement de fonctionnement, leur projet d'accueil pourra être modifié en accord avec les tuteurs et la CDAPH (commission des droits et de l'autonomie des personnes handicapées).
L'établissement pourra aussi, par le biais du CVS, faire évoluer son règlement de fonctionnement, afin de mieux prendre en compte ces droits fondamentaux et de garantir ainsi aux personnes handicapées le libre choix de leur projet de vie (loi du 11 février 2005).

SUJET 9

Académies Paris-Créteil-Versailles

Vous travaillez dans un IMPro (institut médico-professionnel) et vous préparez la sortie de Lucien, jeune homme de 18 ans, qui présente une déficience intellectuelle légère.
Il a découvert des ateliers pré-professionnels et s'est particulièrement bien investi dans ceux de cuisine et jardinage.
Suite à ses expériences, il souhaite être orienté vers un ESAT (établissement et service d'aide par le travail) spécialisé dans les espaces verts. La famille n'adhère pas à son projet professionnel, sachant qu'aucun ESAT correspondant à celui-ci ne se trouve à proximité du domicile familial.

1. Énoncez les missions de l'ESAT.
2. Quels sont les dispositifs juridiques qui vont guider l'accompagnement de ce jeune ?
3. Comment la question de l'hébergement peut-elle être résolue ? Avec qui ?

CORRIGÉ

Introduction

Jeune majeur, Lucien souhaite, contre l'avis de ses parents, une orientation en ESAT spécialisé « Espaces verts ».
La CDAPH (commission des droits et de l'autonomie des personnes handicapées), si elle confirme cette orientation, devra proposer une solution pour l'hébergement du jeune adulte, vu l'éloignement de l'ESAT.

1 Les missions de l'ESAT

L'ESAT est une structure médico-sociale qui relève de la loi du 2 janvier 2002.
Son action s'inscrit à la fois dans le champ économique et dans le champ éducatif.
Les frais de fonctionnement de l'activité sociale et éducative sont assurés par l'État.
Les missions de l'ESAT (loi du 11 février 2005) visent à accueillir des personnes adultes handicapées, orientées par la CDAPH, dont les capacités de travail ne leur permettent pas d'assurer un poste en atelier protégé ou dans le milieu ordinaire.

L'ESAT propose des activités professionnelles et un soutien éducatif afin de maintenir les acquis scolaires et de formation professionnelle, de favoriser l'accès à l'autonomie et une implication dans la vie sociale.
L'objectif de l'ESAT est de permettre, dès que possible, un passage vers le milieu ordinaire de travail.

2 Contexte juridique

Pour accompagner ce jeune sortant de l'IMPro, le ME devra s'appuyer sur les dispositifs juridiques de la loi du 2 janvier 2002 (rénovant l'action sociale et médico-sociale) et de la loi du 11 février 2005 (loi pour l'égalité des droits et des chances, la participation et la citoyenneté pour les personnes handicapées). En particulier, il est précisé dans la loi de 2002 que la famille est associée à son élaboration du projet d'orientation et que le choix de l'usager doit être pris en compte.
La loi du 11 février 2005 qui garantit aux personnes handicapées le libre choix de leur projet de vie organise les démarches auprès des MDPH et de la CDAPH afin d'obtenir une décision d'orientation en ESAT avec foyer d'hébergement, ainsi qu'une reconnaissance du statut de travailleur handicapé.

3 L'hébergement

Si, comme le jeune le souhaite, la CDAPH l'oriente vers l'ESAT spécialisé en espaces verts, cette décision modifie son projet de vie : l'éloignement de l'établissement impose de trouver une solution pour l'hébergement.
L'ESAT sollicité peut proposer un foyer de proximité ou un accueil organisé par un service d'accompagnement à la vie sociale (SAVS).
La MDPH est le lieu ressource approprié pour identifier les différentes structures et les démarches à suivre : « Les MDPH exercent une mission d'accueil, d'information, d'accompagnement et de conseil. »

Conclusion

Même si la famille ne semble pas prête pour une solution d'éloignement géographique et d'hébergement en foyer, elle devra être associée aux démarches afin de trouver une solution qui prend en compte les souhaits de chacun et les aspirations du jeune.
Dans son travail d'accompagnement, le ME devra mettre en œuvre des compétences basées sur la connaissance du cadre juridique et sur ses capacités à établir une relation professionnelle avec les partenaires impliqués dans les démarches.

SUJET 10

Académies Paris-Créteil-Versailles

André, 17 ans, est entré à l'IMPro il y a 3 ans, après une 5e SEGPA. Le dossier fait état d'une déficience intellectuelle légère, caractérisée par des troubles du langage (niveau d'élocution très limité, difficulté de compréhension mais capacité d'analyse et d'abstraction). Il est l'aîné d'une fratrie de 3 enfants. Sa mère est au foyer et son père manutentionnaire. André entretient de bonnes relations avec sa famille, laquelle semble chaleureuse et attentive. Ses parents sont toutefois très effacés.

Après des essais dans différents ateliers, il a choisi une formation en horticulture pour laquelle il montre de bonnes capacités. André est un garçon agréable, respectueux des autres. Il s'investit bien dans les activités scolaires et de loisirs. Il s'inscrit bien dans la réalité, notamment en ce qui concerne l'argent. Le niveau scolaire en mathématiques et en français est correct.

Des difficultés persistent dans le domaine de la communication : timide et réservé, il s'exprime peu. Il a besoin d'être encouragé et stimulé. Il reste également influençable.

Au terme de cette période, l'équipe pluridisciplinaire se réunit afin de faire un bilan et de proposer à André un projet d'orientation professionnelle. Deux propositions sont formulées : un apprentissage avec des mesures d'accompagnement ou une orientation en ESAT.

1 Quel est le texte de loi de référence en matière de scolarité et d'orientation professionnelle pour les personnes handicapées ? Citez au moins trois grands principes liés à cette loi.

2 Quels sont, d'après vous, les partenaires susceptibles de favoriser la mise en œuvre du projet d'orientation ? Énoncez au moins deux d'entre eux. Quels arguments allez-vous apporter pour mieux impliquer ces partenaires ?

CORRIGÉ

Introduction

Suite à une réunion de bilan organisée pour définir un projet d'orientation professionnelle, André et ses parents pourront choisir entre deux propositions :
- l'apprentissage en milieu ordinaire avec un contrat aménagé,
- une orientation en ESAT si les capacités de travail d'André ne lui permettent pas d'occuper un poste en milieu ordinaire ou adapté.

1 Contexte juridique

La loi du 11 février 2005, intitulée « loi pour l'égalité des droits et des chances, la participation et la citoyenneté des personnes handicapées », propose une série de dispositifs afin de leur faciliter une scolarité et une formation professionnelle.

Les grands principes de cette loi garantissent aux personnes handicapées le libre choix de leur projet afin qu'ils puissent participer effectivement à la vie sociale.

La personne handicapée est placée au centre des dispositifs.

En matière de scolarité, la loi prévoit que les parents sont étroitement associés à la décision d'orientation.

2 L'orientation professionnelle

Le projet d'apprentissage nécessite un travail de partenariat entre la MDPH et la CDAPH, le futur employeur et le lieu de formation théorique, le CFA (centre de formation des apprentis).

Ce type de contrat est très adapté à la situation du jeune André et à ses capacités (niveau scolaire correct).

Des aménagements possibles (durée du contrat prolongée d'un an) et des aides de l'AGEFIP[1] pourront faciliter une formation qualifiante. Ce contrat devrait permettre à André, avec une reconnaissance de travailleur handicapé, d'occuper à l'avenir un emploi en milieu ordinaire de travail (sur un poste adapté, par exemple).

L'orientation en ESAT nécessite une décision de la CDPAH. Cette commission statuera en fonction des capacités de travail du jeune André. Dans la situation, les essais effectués dans les différents ateliers montrent de bonnes capacités (André a surtout besoin d'être encouragé et stimulé). La CDAPH devrait plutôt favoriser, avec l'accord de la famille, une orientation en apprentissage adapté avec un accompagnement éducatif.

Conclusion

Le projet d'orientation professionnelle élaboré par l'IMPro, avec le jeune et sa famille, nécessite un travail de partenariat important : l'inscription dans une formation (CFA), la recherche d'un employeur et la signature d'un contrat d'apprentissage, les accompagnements éducatifs proposés par l'IMPro dans le cadre d'un suivi, ne pourront se réaliser que si tous les acteurs se concertent, échangent sur les besoins, réadaptent le projet en fonction des problèmes rencontrés. Le défi semble être à la hauteur des capacités et des motivations du jeune concerné.

---

1. Association pour la gestion des fonds pour l'insertion professionnelle des personnes handicapées.

SUJET 11

Académie Montpellier

En janvier 2008, les parents de la petite Célia, 8 ans, obtiennent pour leur fille une place au sein de l'institut médico-éducatif « Les Iris » dans lequel vous exercez en tant que moniteur-éducateur.
Désigné(e) « référent éducatif » de Célia, vous assurez avec votre chef de service l'accueil de la famille. Célia est scolarisée dans une des deux classes de la section d'éducation et d'enseignement spécialisé interne à l'IME. Au moment de la rentrée de septembre 2008, ses parents vous demandent s'il n'est pas envisageable que leur fille intègre l'école primaire la plus proche (Célia a été scolarisée à plusieurs reprises en classe ordinaire entre l'âge de 4 et 7 ans).
Il est vrai que cette intégration avait été évoquée avec eux lors de l'entretien d'accueil.

1 Sachant que l'IME « Les Iris » est en conformité avec la loi 2002-2, décrivez l'ensemble des démarches et des modalités assurées lors de l'accueil de Célia et de ses parents.

2 Pour répondre à la demande de ces parents, quels sont les partenaires et les ressources institutionnelles à prendre en compte et à activer ?

CORRIGÉ

Introduction

Suite aux démarches des parents auprès de la MDPH (maison départementale des personnes handicapées), la CDAPH (commission des droits et de l'autonomie des personnes handicapées) a orienté leur enfant de 8 ans en IME.
Cette décision prise avec leur accord s'accompagne d'une éventuelle AEEH (allocation d'éducation de l'enfant handicapé), prestation prévue pour compenser le surcoût généré par l'éducation de l'enfant. Dans le cadre de son placement, Célia sera scolarisée sur une « unité d'enseignement » interne à l'établissement. Ce dispositif scolaire peut s'articuler, d'après les textes, avec une classe ordinaire dans le cadre du parcours de formation de l'élève et des coopérations possibles entre l'école (Éducation nationale) et l'IME.

1 L'accueil de Célia et de ses parents à l'IME

– D'après les textes

Au cours de l'accueil, conformément au texte de la loi 2002-2, devront être remis aux parents et à Célia un livret d'accueil qui comprend un exemplaire de la Charte des droits et des libertés de la personne accueillie, un exemplaire du règlement de fonctionnement de l'établissement, et d'autres documents internes à l'IME : présentation des équipes, du projet d'établissement, des autres structures…

Une des finalités de l'accueil est d'organiser l'accompagnement individualisé de l'enfant et de formaliser un contrat de séjour qui sera signé par les parents. Des informations sur leurs droits fondamentaux, sur les voies de recours à leur disposition (*cf.* art. 7, al. 6) et des informations sur leur participation (ou représentation) au conseil de vie sociale (*cf.* art. 10) seront données aux parents.

– Dans la pratique

En général, un accueil s'organise en plusieurs étapes : visite de pré-admission, réunion d'admission, accueil officiel de la famille et de l'enfant au cours duquel les différents documents sont présentés aux parents.

Lors de ces rencontres, le référent éducatif joue un rôle important. Il permet de préparer le placement afin d'atténuer le choc de la séparation et d'entendre les demandes des parents concernant, entre autres, la scolarité de leur enfant.

La scolarité de Célia et son intégration scolaire

Dans le cadre du projet institutionnel de l'IME, la scolarité des enfants est organisée en interne dans une unité d'enseignement ou section d'éducation et d'enseignement spécialisé.

Ce dispositif permet au jeune accueilli de bénéficier de méthodes pédagogiques adaptées, d'un aménagement du rythme de travail et d'une prise en charge individualisée.

Depuis la loi du 11 février 2005, une coopération entre écoles et établissements médico-sociaux est possible, afin de faciliter une complémentarité entre les structures, d'articuler le projet éducatif personnalisé et le projet de scolarisation. La demande des parents est donc légitime. Par l'article 7 de la loi 2002-2 sur les droits des usagers, les parents ont libre choix, sous conditions, entre les prestations. De plus, la loi du 11 février 2005 pose le principe d'une scolarité en milieu ordinaire pour les enfants handicapés. À l'école primaire, la scolarisation peut se faire sous deux formes : inscription dans une classe ordinaire ou dans une classe d'intégration scolaire (CLIS).

2 Ressources institutionnelles et partenariales

Afin de définir avec les parents le dispositif scolaire le mieux approprié pour Célia, l'équipe devra, en fonction d'une éventuelle convention Éducation nationale-IME, s'appuyer sur l'avis des intervenants scolaires. Il portera sur les compétences cognitives, les acquis scolaires, le respect des consignes. L'avis des enseignants de l'école primaire voisine, et si besoin de l'équipe pluridisciplinaire de la MDPH chargée de la commission scolaire, sera nécessaire.

Conclusion

Les textes de loi – loi 2002-2 et loi du 11 février 2005 – garantissent aux enfants handicapés et à leurs parents le libre choix de leur projet de vie et une meilleure accessibilité à l'école, selon le principe « d'une scolarité privilégiée en milieu ordinaire ».

Ces considérations devront être prises en compte dans le cadre de l'accueil. Elles imposent un travail de partenariat important, faisant l'objet d'un projet personnalisé de scolarité (PPS).

L'enfant handicapé doit être au cœur des dispositifs qui le concernent.

SUJET 12

Académie Montpellier

Monsieur R., 24 ans, a été intérimaire dans la restauration durant 3 ans. Puis, ne pouvant plus assurer toutes ses missions à la suite de soucis de santé répétés (maux de dos), des difficultés financières le conduisent à quitter son appartement. Face à un problème d'accès au logement, il fait une demande d'admission au centre d'hébergement et de réinsertion sociale du « Grand Cèdre ».

Sa demande acceptée, vous assurez son accompagnement au cours des trois mois suivants. Pendant cette période, Monsieur R. entreprend des démarches de soins. Ses douleurs sont quasi permanentes et il ne peut exercer aucune activité professionnelle. Il ne dispose à ce moment d'aucune ressource (droits ASSEDIC épuisés).

Lorsque vous faites le point avec lui sur sa situation, sa demande est d'intégrer un logement autonome qu'il dit pouvoir financer avec ses prochains droits d'allocation RMI.

Il souhaite quitter très rapidement le CHRS et rompre son contrat de séjour arrivant à terme dans deux mois.

1 Présentez les missions et les modalités d'accompagnement généralement proposées en CHRS.
Dites en quoi elles vous semblent appropriées à la situation de Monsieur R.

2 Sachant que le contrat de séjour de Monsieur R. n'arrive à terme que dans deux mois, comment répondez-vous dans l'immédiat à sa demande d'intégrer un logement autonome ?
Argumentez votre réponse.

CORRIGÉ

Introduction

En situation de précarité (sans emploi, sans logement), Monsieur R. séjourne dans un CHRS depuis trois mois.
Cet accueil lui permet de bénéficier d'un hébergement, d'une adresse et d'un accompagnement social afin de retrouver un emploi, un logement et d'engager des démarches de soin.
Son projet contractualisé à partir d'objectifs est limité dans le temps (6 mois renouvelables une fois).

1 Présentation des CHRS

Développés dans le cadre de la loi du 29.07.98 relative à la lutte contre les exclusions, de la loi du 02.01.02 rénovant l'action sociale et de la loi du 05.03.07 instituant le droit au logement (loi Dalo), les CHRS ont pour mission « l'accueil, l'hébergement, l'accompagnement et l'insertion sociale des personnes ou des familles connaissant de graves difficultés, en vue de les aider à accéder ou à recouvrer leur autonomie personnelle et sociale » (art. L.312-1, CASF).
Les publics accueillis sont des personnes ou des familles ayant des problèmes de logement, de santé et d'emploi, des femmes en difficulté matérielle, des jeunes rencontrant des problèmes d'insertion sociale, des personnes réfugiées en attente de papiers.
En fonction de leur projet institutionnel, les CHRS proposent plusieurs types d'accueil : hébergement simple, de nuit, en urgence, ou séjour avec accompagnement en vue d'une réinsertion sociale.
Les CHRS font partie du dispositif hivernal d'accueil d'urgence et du Plan d'action renforcée en direction des personnes sans abri (PARSA, janvier 2007).
Les personnes de plus de 25 ans admises en CHRS peuvent bénéficier du RMI sans abattement.

Situation de Monsieur R.

Monsieur R., rencontrant des difficultés économiques et des problèmes de santé, est admis en CHRS afin d'engager des démarches de soin, de retrouver une activité professionnelle et un logement.
Les modalités de son accompagnement, prévues par la loi 2002, s'appuient sur la remise d'un livret d'accueil, sur la mise en place d'un contrat de séjour, l'acceptation du règlement de fonctionnement.
Le contrat de séjour élaboré avec l'aide d'un référent éducatif (le ME dans cette situation) doit mentionner les prestations proposées, les démarches engagées, ainsi que les conditions d'exécution et de résiliation.

L'accompagnement social éducatif peut être formalisé par un projet individualisé qui reprend très concrètement les objectifs recherchés à partir d'une approche globale de la personne et selon divers axes : santé, emploi, logement, relations familiales, culture…

2 La demande de Monsieur R.

Depuis la loi 2002-2, les usagers ont des droits, comme le libre choix de la prise en charge. La loi L. 311-3 du Code de l'aide sociale et des familles rappelle que l'établissement doit assurer un accompagnement individualisé de qualité favorisant le développement, l'autonomie et l'insertion adaptés à l'âge et aux besoins des usagers, tout en respectant leur consentement éclairé.

Les objectifs de la prise en charge sont l'objet du contrat de séjour, document qui n'est pas une contractualisation au sens fort du terme, mais une formulation des engagements réciproques avec les conditions d'exécution et de résiliation.

La demande de Monsieur R. de quitter le CHRS est recevable, mais son projet d'intégrer un logement autonome n'est pas réaliste dans l'immédiat, car fondé sur des informations erronées.

Avec Monsieur R., le référent peut reprendre ou repréciser certains points du contrat de séjour, afin de poursuivre l'accompagnement déjà engagé.

En effet, Monsieur R. n'a pas qu'une difficulté d'accès au logement : ses besoins de soins, son incapacité à occuper un poste de travail, nécessitent d'autres démarches afin d'obtenir, s'il le souhaite, une reconnaissance de son statut.

De plus, des éléments objectifs – non-droit au RMI[1], fin de ses allocations ASSEDIC – vont rendre difficile son accès au logement malgré l'application du droit opposable (loi du 05.03.07).

Conclusion

La demande de Monsieur R. d'interrompre son contrat de séjour avec hébergement pour intégrer un logement autonome, ne prend pas en compte une approche plus globale de sa problématique personnelle qui a occasionné son admission en CHRS.

Son besoin de soutien, afin de favoriser une plus grande autonomie sociale, nécessite un engagement dans la durée et une certaine continuité dans l'accompagnement proposé, même si les conditions d'hébergement peuvent paraître difficiles.

Le choix de Monsieur R. devra être questionné et « éclairé » car sa situation de précarité reste encore très préoccupante.

1. Toute personne dont les ressources n'atteignent pas le montant des revenus défini (454,63 € sans l'aide au logement, juin 2009), âgée de plus de 25 ans et qui s'engage à participer aux actions définies avec elle, a droit à un revenu minimum d'insertion.

V Annales corrigées, juin 2010

SUJET 1

Académies Lyon-Dijon-Nancy

Vous participez à la prise en charge en internat d'un groupe de 10 adolescents au sein d'une unité de 12 places dans un foyer départemental de l'enfance, dont la mission, intégrée à celle de l'aide sociale à l'enfance, vise prioritairement l'accueil urgent et immédiat des mineurs confiés à l'ASE par l'autorité judiciaire. Cet accueil a pour objectif l'évaluation de la situation de l'enfant et de sa famille, et donne à l'ASE la capacité d'orienter le mineur sur la base d'un projet individualisé.

L'équipe, sous la responsabilité d'un chef de service, est composée de deux maîtresses de maison, de quatre moniteurs-éducateurs (dont vous faites partie), de trois éducateurs spécialisés et 2,5 ETP de veilleur de nuit. Un psychologue est rattaché à l'unité et intervient deux journées par semaine.

Vous êtes de service pendant un week-end. Le cadre d'astreinte vous appelle et vous demande de préparer l'accueil d'une adolescente âgée de 15 ans. Il va chercher l'adolescente au commissariat suite à une réquisition de police.

Lors de la soirée, la jeune fille a été retrouvée errant dans la rue, après un grave conflit avec sa mère ; cette dernière, dans un premier temps, est restée injoignable. La police s'est rendue au domicile familial avec l'adolescente ; la mère a refusé d'ouvrir sa porte. À l'arrivée de l'adolescente dans l'« unité de vie », vous réalisez un entretien au cours duquel sont abordés le parcours familial et le fonctionnement de l'unité.

1 La loi du 2 janvier 2002, rénovant l'action sociale et médico-sociale, demande une application concrète et durable des principes et des droits de l'usager. Comment allez-vous mettre en application ces droits inscrits dans la loi, lors de cet entretien d'accueil ?

2 Quels sont, selon vous, les acteurs à mobiliser pour évaluer la situation de la mineure et élaborer un projet individualisé ?

CORRIGÉ

Introduction

Le foyer départemental (maison d'enfants à caractère social) accueille, entre autres, des enfants confiés par le juge des enfants en fonction de l'article 375 du Code civil. La décision du juge sous forme d'une OPP (Ordonnance de placement provisoire) vise à protéger un mineur par une mesure d'assistance éducative. Les parents (père et mère) conservent leur autorité parentale et, chaque fois qu'il est possible, le mineur doit être maintenu dans son milieu actuel. En situation d'urgence ou de crise, le juge peut ordonner un placement provisoire du mineur à un service départemental de l'aide sociale à l'enfance (ASE).
Dans la situation proposée, la jeune adolescente en danger est accueillie en urgence par le foyer, conformément à sa mission. L'objectif de la mesure de protection est de proposer une solution immédiate d'hébergement dans un cadre accueillant et sécurisant, où la jeune mineure pourra aborder sa situation. Après une période d'observation et après évaluation des différents enjeux, l'équipe devra trouver une solution avec l'accord des parents pour renouer la relation mère-fille, éventuellement la relation père-fille. Dans son OPP, le juge peut décider qu'il lui sera rendu compte périodiquement de la situation de l'adolescente, soit par l'ASE, soit par le foyer.

1 L'accueil de l'adolescente dans le foyer

Après le refus de la mère de recevoir sa fille, l'accueil de la jeune adolescente dans un lieu inconnu représente un temps fort de rupture. Le ME présent sur l'unité devra à la fois proposer un accueil bienveillant, veiller aux besoins de la jeune fille, donner des informations, présenter la structure, écouter, rassurer, organiser le fonctionnement matériel. Lors de l'entretien d'accueil, le ME devra informer et présenter les droits de l'adolescente, conformément au livret d'accueil (respect de sa dignité, son intimité, sa vie privée). L'ensemble du personnel (maîtresse de maison, ME, ES…) veillera à offrir un cadre où la jeune fille se sentira protégée et en sécurité, tout en bénéficiant d'un accompagnement individualisé où la confidentialité de ses propos sera garantie.
Au cours de l'entretien, le ME recueillera des informations, afin de prendre en compte des données sur sa scolarité, sa vêture, d'atténuer le « choc » du placement et d'organiser la suite du séjour qui se veut théoriquement temporaire. Pour organiser cet accueil, le ME dispose de documents : le livret d'accueil avec la charte des droits et des libertés de la personne accueillie, le règlement de fonctionnement avec les horaires, les modalités de participation à la vie de la structure.

Ces outils ou documents destinés à faciliter la mise en œuvre des droits des usagers devront être assez rapidement présentés et laissés à la disposition de l'adolescente.

Les autres documents (contrat de séjour, projet individualisé) seront élaborés ultérieurement en fonction de l'évaluation de la situation et avec l'accord des parents, sous forme d'un DIPEC par exemple (document individuel de prise en charge). Conformément à la loi 2002-2, ce document est présenté aux familles afin de prendre en compte leur avis, il est signé conjointement par la jeune accueillie, les représentants légaux et le représentant de la structure.

2 Les acteurs à mobiliser pour évaluer la situation et élaborer un projet individualisé

Les premières personnes concernées sont les parents. Dans le cadre de l'exercice de l'autorité parentale, ils sont légalement responsables de leur fille mineure. La loi du 5 mars 2007 réformant la protection de l'enfance diversifie les modes d'intervention, plaçant au cœur du dispositif l'intérêt de l'enfant, en maintenant les relations avec les familles.

De plus, dans la situation, conformément à l'article 375-2, un retour en famille peut être envisagé en fonction des évolutions possibles.

Dans ce cas, le juge peut désigner un service éducatif en milieu ouvert, en lui « donnant mission d'apporter aide et conseil à la famille, afin de surmonter les difficultés matérielles, morales qu'elle rencontre ». Ce nouveau service est chargé de suivre l'évolution de la situation et d'en faire un rapport au juge des enfants régulièrement.

Les autres acteurs relèvent du service de l'ASE à qui le juge a confié la mineure. L'éducateur ou l'ASS de l'ASE devront rencontrer la mère sans délai, afin d'aborder la situation de crise. En cas de difficulté, ils pourront solliciter le juge des enfants.

Au sein de l'équipe du foyer, tous les professionnels seront associés en fonction de leur statut, pour élaborer la suite à donner et définir les orientations du projet individualisé.

D'autres acteurs pourront être consultés pour faciliter une prise de décision et définir les axes du travail éducatif : l'assistante sociale du secteur ou l'assistante sociale scolaire, les enseignants dans le cadre du PPRE[1] par exemple, afin d'assurer une continuité dans la scolarité ou pour organiser un soutien psychologique… (maison des adolescents ou autres services spécifiques pour adolescents[2]).

---

1. Le PPRE (projet personnalisé de réussite éducative) est un plan coordonné d'actions pédagogiques conçu pour répondre aux besoins d'un élève afin de mieux maîtriser des connaissances ou des compétences. Le PPRE est élaboré par l'équipe éducative, il implique les enseignants, l'élève et sa famille ou son représentant.
2. La crise de l'adolescence (normale) sera d'autant plus conflictuelle si elle intervient au moment où les parents sont eux-mêmes en conflit, le clash adolescent-parents est d'autant plus fort lorsque le milieu familial est insécurisant.

Conclusion

L'accueil en urgence d'un jeune nécessite une grande disponibilité d'écoute et d'adaptation. Ne possédant aucune ou peu d'informations, le ME devra à la fois accueillir le jeune pour dédramatiser la situation, lui donner des informations afin de le rassurer et lui présenter ses droits pour l'associer à la vie collective ou aux objectifs du placement.

Ce travail d'accueil et d'observation du ME sera déterminant pour comprendre la situation et pour définir en équipe pluriprofessionnelle, avec l'accord des parents, les objectifs du projet individualisé.

SUJET 2

Académies Lyon-Dijon-Nancy

Jean-Paul est âgé de 37 ans. Fils unique, il souffre d'un lourd handicap moteur et il est à la charge de ses parents depuis sa naissance. Il nécessite une aide pour tous les actes de la vie quotidienne. Il apprécie la compagnie et est très ouvert aux autres, en capacité de communiquer oralement. En raison du vieillissement de ses parents, sa prise en charge quotidienne et son maintien à domicile deviennent très problématiques. Il s'agit désormais d'envisager une admission en établissement, afin de lui apporter un accompagnement plus adapté et aussi de soulager ses parents.

1 Depuis l'application de la loi du 11 février 2005 :
- Auprès de quelle institution faut-il envisager des démarches en vue d'une prise en charge du handicap de Jean-Paul ?
- Sur la base de quels documents, la décision finale sera-t-elle prise et par quelle instance ?
- Vers quels types de structures Jean-Paul peut-il être orienté et quels organismes financeront la prise en charge financière ?

2 Vous êtes moniteur-éducateur dans l'institution à laquelle il est confié. Comment allez-vous l'accueillir dans le respect des droits énoncés dans la loi du 2 janvier 2002 ?
Argumentez votre réponse.

CORRIGÉ

Introduction

Lourdement handicapé et très dépendant, Jean-Paul bénéficie, au domicile de ses parents, d'un accompagnement dans les actes de la vie quotidienne par l'intermédiaire d'un service et de professionnels (auxiliaire de vie sociale AVS, par exemple).

Ce type d'accompagnement n'étant plus adapté à la situation familiale (vieillissement des parents), conformément à la loi du 11 février 2005, une nouvelle orientation devra être étudiée, afin de prendre en compte les nouveaux besoins de Jean-Paul.

1 Les démarches en vue d'une prise en compte de la situation de Jean-Paul

En fonction de son statut, Jean-Paul ou son représentant légal (tuteur ou curateur) pourra saisir la CDAPH (commission des droits et de l'autonomie des personnes handicapées), instance décisionnelle de la MDPH pour un réexamen de son dossier face à l'évolution de sa situation. Si Jean-Paul bénéficie d'une protection juridique, un tuteur ou un curateur (souvent un membre de la famille) sera désigné par le juge des tutelles pour réaliser avec lui les démarches nécessaires.

La CDAPH est compétente pour se prononcer sur l'orientation de la personne handicapée et pour désigner l'établissement correspondant à ses besoins et en mesure de l'accueillir (décret du 19 décembre 2005).

La CDAPH se prononce aussi sur les demandes de prestation de compensation et sur la demande d'AAH (allocation aux adultes handicapés).

Dans le cadre de la procédure, Jean-Paul et/ou son représentant légal pourra être consulté par la commission. La décision de la commission est motivée, elle est prise au nom de la MDPH. En principe, la CDAPH est tenue de proposer à la personne handicapée ou à son représentant légal un choix entre plusieurs solutions adaptées.

Dans la situation présentée, il s'agit d'une demande de révision des décisions, justifiée par une évolution des conditions d'accueil familial. La demande devra être étayée d'un « projet de vie » où les besoins, les demandes et les désirs de la personne concernée seront exprimés d'une façon singulière et personnelle. Dans la situation, la relation privilégiée avec la famille devra être maintenue par l'établissement sollicité. Ce projet va permettre à la MDPH de comprendre les attentes de la personne handicapée, afin que la réponse soit la plus adaptée possible aux aspirations, dans le respect de son choix de vie.

Ce projet de vie fait partie des éléments pris en compte par la CDAPH pour élaborer un plan personnalisé de compensation. Ce plan personnalisé se place dans une approche globale et peut contenir des recommandations concernant des prestations, des orientations, des préconisations.

Ce plan est transmis pour avis à la personne (ou son représentant) qui peut encore formuler des observations avant décision.
Dans la situation, Jean-Paul, nécessitant des soins constants et une surveillance quotidienne, pourra être orienté et accueilli, soit dans une MAS (maison d'accueil spécialisée) financée par la Sécurité sociale, soit dans un FAM (foyer d'accueil médicalisé) financé conjointement par la Sécurité sociale et le conseil général.

2 L'accueil de la personne

Au cours de l'accueil, le moniteur-éducateur devra informer le nouveau résident de ses droits fondamentaux, conformément à la loi du 2 janvier 2002, en s'appuyant sur les outils mis à sa disposition par l'institution : le livret d'accueil, la Charte des droits et des libertés, le futur contrat de séjour, le règlement intérieur, le projet d'établissement, le CVS (conseil de vie sociale) ou toute autre forme de participation prévue.
Le ME devra donc sélectionner les documents les plus appropriés aux conditions d'accueil, recueillir l'avis de la personne et répondre à ses questions. Ainsi, dans sa présentation des droits fondamentaux, le ME abordera plus particulièrement le droit au respect de la dignité (intégrité, vie privée, intimité, sécurité), le droit à l'information et à la confidentialité des données le concernant, le droit à un accompagnement individualisé respectant son consentement (éclairé).

Conclusion

La loi du 11 février 2005 pour l'égalité des droits et des chances, en réaffirmant le principe de l'égalité de traitement, du droit à l'intégration, à la citoyenneté et à la participation à la vie sociale, permet des réponses adaptées aux besoins des personnes handicapées en fonction de leur projet de vie. L'orientation et l'accueil des résidents dans le « lieu de vie » (FAM ou MAS) devront prendre en compte les préconisations du projet de vie, conformément à la loi du 2 janvier 2002, rénovant l'action sociale et médico-sociale.
Cette loi inscrit le résident (ou l'usager) au cœur du dispositif proposé où ses droits seront reconnus et respectés.

SUJET 3

Académie Montpellier

Situation

Vous travaillez dans un foyer d'hébergement pour personnes adultes handicapées.
Vous êtes référent de M. Martin et vous le rencontrez afin de concrétiser les démarches relatives à son projet d'accompagnement.

Au cours de ce rendez-vous, M. Martin énonce son souhait de s'acheter un scooter, afin de pouvoir se rendre plus fréquemment au village voisin.
Vous soutenez M. Martin dans cette démarche, puisque, selon vous, cela lui permettrait de développer au mieux son autonomie et cela s'inscrirait totalement dans les différentes obligations posées par le législateur.
Toutefois, le tuteur, informé de cette démarche, s'y oppose en énonçant qu'une fois les frais payés, il ne reste à M. Martin que très peu d'argent pour réaliser son projet.

Consignes

1 Après avoir défini le cadre du foyer d'hébergement, dites de quel système de protection relève M. Martin.

2 Vous expliquerez les contradictions de cette situation, en évoquant notamment les lois visées.

3 De quels frais s'agit-il ?

CORRIGÉ

Introduction

En tant que référent, le moniteur-éducateur assure, au sein d'une équipe éducative, l'accompagnement individualisé d'un résident, tout en respectant son consentement « éclairé ».
Dans le cadre de cet accompagnement, M. Martin participe directement à son projet et il peut donc formuler des demandes ou des souhaits, conformément à la Charte des droits et des libertés (loi 2002-2). M. Martin étant « sous tutelle », il a besoin d'être représenté de manière continue dans les actes de sa vie civile (achat, contrat d'assurance...).
Dans la situation présentée, le désir d'acquisition d'un scooter (véhicule d'une cylindrée de moins de 50 cm^3) devrait être abordé avec le tuteur qui représente légalement le résident.

1 La situation de M. Martin

M. Martin a été orienté, conformément à la loi du 11 février 2005 (loi sur l'égalité des droits et des chances, la participation et la citoyenneté des personnes handicapées) par la MDPH de son département, dans un foyer d'hébergement. Cet établissement a été désigné par la CDAPH (instance de la MDPH) en fonction du projet de vie formulé par la personne handicapée représentée par son tuteur, en fonction aussi de son handicap et de son taux d'incapacité.

Dans cette situation, la CDAPH a dû se prononcer sur l'attribution de l'AAH[1], de compléments de ressources éventuels, sur la reconnaissance de la qualité de travailleur handicapé, et proposer une orientation vers un ESAT (établissement et service d'aide par le travail), ou une autre entreprise adaptée.
Le foyer désigné est un établissement qui assure l'hébergement et l'entretien des personnes adultes handicapées exerçant une activité pendant la journée en ESAT, par exemple.
Les foyers d'hébergement relèvent des dispositifs réglementaires de la loi 2002-2 applicables aux établissements médico-sociaux (article 312-1 CFAS). Les projets de fonctionnement de l'établissement déterminent le mode d'hébergement et l'encadrement éducatif. Il peut ainsi laisser, conformément à la loi 2002-2, une part plus ou moins importante à l'autonomie sociale du résident.
En principe, les frais d'hébergement et d'entretien sont à la charge de l'intéressé, mais sa contribution est calculée en fonction de ses ressources. Elle est plafonnée afin que le résident conserve un minimum de moyens financiers. Le surplus des frais est pris en charge par le conseil général, organisme de tutelle qui finance et contrôle le fonctionnement du foyer.

2 M. Martin a été placé sous tutelle. Ce dispositif réformé par la loi du 5 mars 2007 assure la protection d'une personne majeure par un tuteur, administrateur de la mesure prise par un magistrat : le juge des tutelles.
Le tuteur désigné s'engage à protéger, c'est-à-dire à défendre les intérêts, à aider, à soutenir et à gérer, à prendre des décisions dans les domaines financier, administratif et social.
La mise sous tutelle réduit ou supprime la capacité civile de l'intéressé.
Dans la situation, le travail avec le tuteur est incontournable puisqu'il a participé avec M. Martin à l'élaboration de son projet individualisé.
Face à la demande ou au souhait de M. Martin d'acheter un scooter, une solution devrait être trouvée pour lui permettre cette acquisition, conformément à son projet de vie et au respect de ses droits définis dans la « Charte des droits et libertés de la personne accueillie » (droit à l'autonomie, mais aussi droit à la protection).
Si la demande est disproportionnée au regard des frais engagés, une autre solution moins onéreuse doit être trouvée pour lui permettre de se rendre fréquemment au village voisin.

3 Les ressources de M. Martin sont calculées en fonction des revenus de son travail en ESAT et des éventuelles allocations (AAH, allocation logement) versées par la CAF (Caisse d'allocations familiales), directement ou indirectement (versement à la structure). M. Martin peut en plus, en fonction de l'origine de son handicap

1. Allocation adulte handicapé.

ou des démarches de son tuteur, bénéficier d'une pension ou d'une rente. En ce qui concerne sa santé, les soins sont généralement pris en charge par les assurances maladies.

Ses ressources, ainsi identifiées, servent à financer l'hébergement, la nourriture, la vêture… Sa contribution est déterminée par le président du conseil général. Le montant laissé à sa disposition correspond au tiers de ses ressources garanties et ne peut être inférieur à 50 % de l'AAH, soit 348 euros en 2010 (ce minimum peut être majoré par le montant d'une rente ou par les intérêts d'un contrat épargne handicap).

Mandataire légal, le tuteur est responsable de la gestion des ressources de M. Martin (ouverture de compte bancaire, livret d'épargne…). Tenu de gérer ses biens dans l'intérêt de celui-ci, il doit être associé à toutes les démarches dans le cadre d'une acquisition, afin de trouver une autre solution pour des raisons de budget (demande de prestation de compensation, par exemple).

Conclusion

Accompagner une personne handicapée nécessite une bonne connaissance des dispositifs, des cadres légaux, des prestations et des instances de décision. Dans la situation, le moniteur-éducateur référent devra, avec le tuteur, prendre en compte la demande légitime de déplacement du résident. En fonction des budgets, des ressources financières et des capacités de M. Martin, des réponses sont possibles au niveau institutionnel et familial pour lui permettre de se déplacer. Ces réponses doivent à la fois favoriser l'autonomie de M. Martin et tenir compte du contexte juridique. Ces démarches ne sont pas forcément contradictoires, elles font l'objet de son projet individualisé. Enfin, en cas de désaccord manifeste entre le tuteur et le résident, une saisine de juge des tutelles reste possible.

SUJET 4

Académie Montpellier

Situation

Vous travaillez en tant que moniteur-éducateur au sein d'un CHRS dans lequel vous assurez la référence éducative de Mme S. Cette dernière, âgée de 36 ans, y est accueillie depuis le 1er août 2009. Vous disposez de peu d'éléments sur son parcours antérieur. C'est un travailleur social d'un accueil de jour, de la même association que la vôtre, qui est à l'origine de son accueil au CHRS.

Quelques semaines après son arrivée, vous définissez avec elle les axes de son projet individualisé : stabiliser sa situation administrative, engager des démarches de formation ou d'insertion professionnelle, renouer des liens familiaux (essentiellement

avec les parents de Mme S.). Son parcours résidentiel (accès à un logement d'insertion puis à un logement autonome) n'est pas encore évoqué.
La mise en place de votre accompagnement va consister dans un premier temps à régulariser sa situation administrative. Pour cela, vous l'orientez vers l'assistante sociale du CHRS qui, elle-même, sollicitera les partenaires concernés.

Consignes

1 Situez le cadre institutionnel de cette situation et les fonctions que vous y tenez.

2 Quels sont les droits auxquels peut prétendre Mme S. ? Précisez votre réponse.

CORRIGÉ

Introduction

Depuis la loi du 29/07/98 relative à la lutte contre les exclusions, les CHRS ont pour vocation d'accueillir des personnes adultes de 18 à 60 ans en situation de précarité. L'objectif du dispositif est de proposer un accompagnement en vue d'une réinsertion sociale. Mme S. bénéficie d'un hébergement, mais aussi d'un suivi pour lui permettre de renouer des liens et surtout de retrouver une place active dans la société par un emploi, un logement...
Dans le cadre de son intervention, le ME référent de cette situation devra donc solliciter d'autres travailleurs sociaux ou partenaires et s'appuyer sur un réseau de personnes ressources, afin de proposer un accompagnement adapté en tenant compte des besoins, mais aussi des demandes ou des désirs de Mme S.

1 Présentation du cadre institutionnel et des fonctions du ME

Le cadre

Les centres d'hébergement et de réinsertion sociale sont des structures gérées par une personne morale de droit privé (associatif) ou par une collectivité publique.
Leurs missions sont – indirectement – définies en ces termes (8° al., art. L. 312-1 du CASF) : « l'accueil, l'hébergement, l'accompagnement et l'insertion sociale des personnes ou familles connaissant de graves difficultés en vue de les aider à accéder ou à recouvrer leur autonomie personnelle et sociale ».
La loi du 29/07/98 relative à la lutte contre les exclusions (article 157) a élargi les missions des structures d'accueil désormais appelées centres d'hébergement et de réinsertion sociale. Les CHRS ne sont plus cantonnés à une fonction d'hébergement puisqu'ils peuvent développer des services ou des activités dans le domaine de l'insertion professionnelle. Ainsi, les centres peuvent

accueillir dans des ateliers de production des personnes qui ne sont plus forcément hébergées, souvent bénéficiaires du RSA, et qui viennent bénéficier d'actions de réinsertion professionnelle.

Les publics accueillis

Les « publics » des CHRS (art. L. 345-1 du CASF) peuvent être des personnes en grave difficulté économique, familiale, des personnes ayant des problèmes de logement, de santé, des personnes en difficulté d'insertion, privées de logement, connaissant de graves difficultés sociales et familiales, des femmes en difficulté matérielle et morale, des jeunes majeurs rencontrant des problèmes d'insertion sociale, des personnes rapatriées, réfugiées, demandeuses d'asile, des personnes sortant de prison ou d'établissement de soins…

Les CHRS ne peuvent pas accueillir des personnes dont le degré d'autonomie n'est pas suffisant pour assurer leur quotidien, ou des personnes présentant des conduites addictives non inscrites dans une démarche de soins. Le financement des CHRS peut être de trois types : assurance maladie dans le cadre des post-cures, département, aide sociale de l'État (DDCS[1]), en fonction d'une convention établie par le préfet. Il faut également souligner que les personnes hébergées doivent, dans la mesure du possible, participer aux frais d'hébergement et d'entretien. Cette participation financière est due à partir d'un certain délai réglementaire. Son montant est fixé par le préfet sur la base d'un barème qui tient compte notamment des ressources de la personne/famille et des dépenses restant à sa charge pendant l'accueil. Un minimum de ressources doit être laissé à disposition. La personne peut bénéficier d'une allocation logement.

Il existe une pluralité de types d'accueil possibles en fonction des missions assurées : hébergement seul, dit « d'urgence », « de jour », ou «de nuit », accueil avec visée de réinsertion sociale, pouvant intégrer des dispositifs d'IAE (Insertion par l'activité économique), accueil avec une visée thérapeutique en lien avec une structure de soins, dans le cadre d'un plan gouvernemental en faveur des personnes sans abri (PARSA) sur un territoire déterminé.

L'accueil

Les modalités d'accompagnement prévues par la loi n° 2002-2 s'appuient sur la remise des documents (livret d'accueil), la mise en place d'un contrat de séjour qui mentionne l'ensemble des prestations offertes de toute nature : des prestations d'action sociale ou médico-sociale, éducatives, pédagogiques, de soins et thérapeutiques, de soutien ou d'accompagnement.

Ces prestations doivent être les « plus adaptées » possibles à la situation de la personne.

---

1. Direction départementale de la cohésion sociale.

Le contrat doit décrire les conditions de séjour, d'accueil, les engagements réciproques... ainsi que les conditions de son exécution et de sa résiliation (droit à la renonciation, *cf.* loi 2002). L'accompagnement proposé, le plus souvent via un référent éducatif, concerne rarement un seul aspect de la vie sociale des personnes (santé, emploi, logement, relations familiales, culture...) et nécessite un réel travail de partenariat et des connaissances législatives.

La loi n° 2002-2 préconise la mise en place d'autres outils en direction des « usagers » (projet d'établissement, CVS, etc.). Enfin, dans la situation, Mme S. peut bénéficier d'un suivi après sa sortie du CHRS, l'équipe se mettant en relation avec les travailleurs sociaux avec lesquels elle sera en contact.

Depuis 1998, d'autres textes de loi ont redéfini les missions des CHRS.

Ainsi le décret du 03/07/01 précise le mode de fonctionnement et de financement des CHRS.

La loi du 05/03/2007, dite « loi Dalo », institue le droit au logement opposable.

La circulaire du 19/03/2007 définit le plan gouvernemental en faveur des personnes sans abri (PARSA : Plan d'action renforcé en direction des personnes sans abri).

La loi du 25/03/09, dite « loi de mobilisation pour le logement et la lutte contre les exclusions », complète ce dispositif.

Les fonctions du moniteur-éducateur

Dans les CHRS, le ME a un rôle de mise en œuvre et de coordination du projet individuel des personnes accueillies. Cet accompagnement se fait sur différents aspects de la vie de la personne, le cas échéant, en orientant la personne vers des partenaires spécialisés (formation, emploi, santé, recherche de logement, justice...). Il peut également aider la personne dans la gestion de son budget, dans le maintien ou la reconstruction de liens familiaux, dans ses démarches administratives.

Cette fonction de coordination est essentielle dans le cadre d'un travail en équipe pluriprofessionnelle. L'accompagnement de Mme S. nécessite que le ME passe le relais à certains moments, tout en transmettant des informations sous forme d'écrits professionnels, par exemple.

Dans le cadre de ses interventions, le ME participe en plus à l'organisation de la vie quotidienne et à l'animation de la structure ou du lieu de vie. Son action vise à prendre en compte les besoins des personnes en situation d'isolement, de précarité, de rupture, tout en assurant une certaine dynamique collective.

2 Les droits de Mme S.

Les droits auxquels peut prétendre Mme S. sont en lien avec son statut de « personne hébergée en CHRS » (*cf.* loi n° 2002-2).

Le rôle du ME est de tenir informée la personne accueillie sur ses droits et ses obligations (« respect de sa dignité, accompagnement individualisé, confidentialité des informations, accès à toute information, à toutes les protections particulières légales et contractuelles dont elle bénéficie, ainsi que les voies de recours, la participation directe à la mise en œuvre de son projet d'accueil » (art. 311-3 du CASF, alinéa 6.)

D'autre part, Mme S. bénéficie de certains droits (droit commun) en matière de revenu minimum, de santé, voire de logement.

En effet, si Mme S. ne travaille pas, le RSA lui garantit depuis le 1er juin 2009 un revenu fixé au niveau du montant du RMI (454 € au 31/12/2009 – loi n° 2008.1249 du 01/12/2008).

Le dispositif RSA reprend un élément du dispositif RMI : la contractualisation d'engagements réciproques du bénéficiaire et de l'administration. Ce régime de contractualisation prend la forme d'un PPAE (projet personnalisé d'accès à l'emploi) pour les allocataires accompagnés par le Pôle Emploi, ou la forme d'un contrat d'insertion pour les allocataires accompagnés par les structures placées sous la responsabilité du département. Le RSA peut être complété, le cas échéant, par une aide ponctuelle personnalisée de retour à l'emploi (APRE).

La demande de RSA peut être faite auprès de différents services (les centres de gestion de la CAF, les services du conseil général, le centre communal d'action sociale, les associations agréées par le département, les agences de Pôle Emploi.)

En matière de couverture santé, Mme S. peut prétendre à la couverture maladie universelle (CMU). En effet, depuis le 01/01/00 (loi n° 99-641 du 27/07/99), la CMU donne droit, d'une part, à l'assurance maladie pour toute personne résidant en France de façon stable et régulière (CMU de base), d'autre part, à une couverture maladie complémentaire (CMUC) gratuite à toute personne résidant en France de manière stable et régulière, sous condition de ressources fixée par décret.

Enfin, dans le cadre de la loi Dalo (Droit au logement opposable), la loi reconnaît aux personnes accueillies en urgence le droit de rester dans la structure jusqu'à ce que leur soit proposé un logement adapté à la situation.

Conclusion

Travailler en CHRS nécessite une bonne connaissance du cadre juridique et des différents acteurs chargés d'instruire les demandes. L'accompagnement des personnes adultes en situation de précarité s'élabore à partir d'un travail de partenariat fondé sur des échanges d'informations et de connaissances.

Cette connaissance des dispositifs s'appuie sur une fonction de veille professionnelle, afin de prendre en compte les évolutions des problèmes sociaux. L'ensemble des textes législatifs évoqués à partir de la situation de Mme S. illustre bien cette nécessité d'actualiser la connaissance du cadre administratif et juridique, afin de proposer un accompagnement à la fois pertinent et adapté.

• Domaine de compétences 4 « Implication dans les dynamiques institutionnelles »

SUJET 5

Académies Bordeaux-Nantes-Rennes

Zoé, âgée de 8 ans, est scolarisée en milieu ordinaire. Les enseignants constatent un retard important dans les différents apprentissages fondamentaux. Par ailleurs, Zoé fait l'objet de brimades de la part des autres enfants, du fait de ses difficultés. Suite à une visite médicale scolaire, l'école organise un entretien avec les parents de Zoé, et un dossier est transmis à la maison départementale des personnes handicapées (MDPH), laquelle confirme, après évaluation, que Zoé est atteinte d'une déficience intellectuelle légère, et préconise une orientation en institut médico-éducatif (IME) pour la rentrée prochaine. En tant que référent de Zoé au sein de cet IME, vous êtes chargé de son accueil et de celui de sa famille. Cette dernière, désemparée, est très demandeuse d'informations quant à l'accompagnement de leur fille.
Un an après son arrivée, au cours d'une réunion de synthèse, les enseignants de l'IME soulignent les réels progrès scolaires de Zoé. L'équipe éducative constate également une bonne intégration de celle-ci au sein de l'établissement.
Lors de la restitution des éléments de synthèse à Zoé et ses parents, ces derniers vous font part de leur souhait du maintien de Zoé en semi-internat au sein de l'IME. Ils sont conscients de la nécessité de poursuivre l'accompagnement éducatif et reconnaissent l'évolution positive de Zoé. Ils soulèvent, en outre, la question d'une éventuelle scolarisation de leur fille en milieu ordinaire pour la rentrée prochaine, avec maintien de l'accompagnement par l'IME.

Questions

1 Quels sont les fondements juridiques sur lesquels vous allez vous appuyer en tant que référent pour accueillir Zoé et sa famille? Quels sont les outils que vous allez leur présenter ?

2 Quels sont les éléments de réponses juridiques et institutionnelles que vous pourriez apporter aux parents de Zoé, quant à leur demande d'une éventuelle scolarisation en milieu ordinaire ?

3 Selon vous, quelle est la pertinence d'un retour en milieu ordinaire pour Zoé, et quels sont les différents acteurs susceptibles d'intervenir ?

CORRIGÉ

Introduction

En difficulté pour suivre sa scolarité dans une école primaire, Zoé est orientée par la MDPH, avec l'accord de ses parents, dans une IME en semi-internat. L'évolution de Zoé dans ses apprentissages et dans ses comportements laisse entrevoir un retour dans un milieu scolaire ordinaire, comme le prévoit la loi du 11 janvier 2005.

1 Les fondements juridiques de la situation de Zoé et de sa famille dans le cadre de l'IME

Concernant son accueil en IME, la loi 2002-2 du 2 janvier 2002 rénovant l'action sociale et médico-sociale préconise, entre autres, dans le cadre de la Charte des droits et des libertés de la personne accueillie :

- le respect de la dignité, de l'intégrité, de la vie privée, de l'intimité et de la sécurité ;
- l'accompagnement individualisé et le consentement éclairé, respect du libre choix entre des prestations adaptées ;
- l'information des personnes sur leurs droits fondamentaux et sur les voies de recours ;
- la participation à la conception et à la mise en œuvre du projet d'accueil et d'accompagnement ;
- l'accès à toute information ou document relatif à sa prise en charge ;
- la confidentialité des informations ;
- le principe d'évaluation obligatoire des activités, actions, projets...

En tant que référent et par délégation, le moniteur-éducateur peut organiser, lors de l'accueil de Zoé et de ses parents, une visite de la structure, présenter le service, les modalités de fonctionnement, les différents professionnels, expliquer la nécessité d'échanger sur les observations, sur les évaluations et évoquer les différentes instances prévues : réunion de synthèse réalisée chaque année, à laquelle la famille est associée conformément aux annexes 24.

L'annexe 24 au décret n° 89-798 du 27 octobre 1989 définit les conditions techniques d'autorisation des établissements prenant en charge des enfants présentant des déficiences intellectuelles. Ainsi ce texte précise dans l'article 3 : « La famille doit être associée à l'élaboration du projet individuel pédagogique, éducatif et thérapeutique, à sa mise en œuvre, à son suivi régulier et à son évaluation. »

Enfin, toujours dans le cadre de la loi n° 2002-2, les établissements se sont dotés d'outils afin de renforcer le droit des usagers (l'usager est au centre du dispositif).

Huit outils garantissent l'exercice des droits de l'usager citoyen :

- Livret d'accueil qui doit être remis à la personne accueillie et à son représentant dès l'arrivée dans l'établissement.
- Charte des droits et libertés de la personne accueillie déjà évoquée.
- Règlement de fonctionnement (*cf.* les obligations et devoirs nécessaires à la vie collective).
- Contrat de séjour élaboré avec l'usager et son représentant.
- Projet d'établissement qui doit être révisé tous les 5 ans, avec consultation du CVS. Il précise les objectifs et modalités d'organisation de l'établissement.
- Conseil de la vie sociale : instance de droit d'expression et de participation des bénéficiaires au fonctionnement de l'établissement d'accueil. Des représentants des parents ont la possibilité de participer à cette instance.
- Saisine d'une personne qualifiée (rôle de conciliateur). Toute personne accueillie dans un établissement ou service social ou médico-social (ou son représentant légal) peut faire appel, en vue de faire valoir ses droits, à une personne qualifiée, le « médiateur », qu'elle aura choisie dans une liste officielle établie.
- Mesure d'évaluation interne et externe de l'établissement et de son mode de prise de charge.

2 Organisation d'une éventuelle réorientation par une scolarisation en milieu ordinaire, démarches et textes de référence

La loi du 11 janvier 2005 (loi pour l'égalité des droits et des chances, la participation et la citoyenneté des personnes handicapées) renforce les actions en faveur de la scolarisation des élèves reconnus handicapés par la MDPH.

Cette loi affirme le droit pour chacun à une scolarisation en milieu ordinaire au plus près du domicile, à un parcours scolaire continu et adapté. Les parents sont le plus étroitement associés à la décision d'orientation de leur enfant et à la définition de son projet personnalisé de scolarisation (PPS). Pour répondre aux besoins de l'élève, le PPS est assorti de mesures d'accompagnement décidées par la CDAPH de la MDPH. Ainsi, la scolarisation peut être individuelle dans une école élémentaire, collective au sein d'une CLIS (classe pour l'inclusion scolaire) ou en établissement médico-social (IME) : c'est la situation actuelle de Zoé.

La demande des parents est légitime, elle est renforcée par la loi n° 2002-2 sur les droits des usagers (libre choix entre des prestations adaptées) et par la loi relative à l'autorité parentale du 4 mars 2002.

Dans le cadre de la loi du 11 février 2005, tout sera mis en œuvre pour construire un PPS aussi opérationnel que possible. Face à l'évolution des capacités de Zoé (réels progrès scolaires, bonne intégration) et en fonction du souhait formulé, les parents accompagnés par le ME référent chargé du suivi devront saisir la MDPH pour un réajustement de la décision de scolarisation. L'équipe éducative et pédagogique devra fournir à l'école de référence déterminée une estimation des besoins. L'enseignant référent de l'élève désigné veillera à la continuité et à la cohérence de la mise en œuvre du PPS, puisqu'il devient l'interlocuteur des parties prenantes du projet : parents, IME, élève, CDAPH.

3 Pertinence d'un retour en milieu ordinaire

Afin d'éclairer la décision des parents, toutes les informations législatives devront leur être transmises ainsi que les bilans institutionnels. Il s'agit d'identifier au plus près les besoins de Zoé, en l'associant à la décision.

Ainsi, une réintégration progressive en milieu ordinaire est possible dans le cadre d'un partenariat école de référence-IME, Zoé partageant son temps scolaire entre une classe de primaire et un groupe de l'IME. Le suivi étant organisé par l'enseignant et le ME référents. Cette possibilité permet d'adapter les moyens, d'apporter un encadrement spécifique et de répondre aux attentes des parents. Les différents partenaires concernés sont la MDPH, l'IME et l'école de référence désignée.

Les parents devront déposer un dossier à la maison départementale des personnes handicapées qui étudiera la demande et pourra faire une proposition de plan personnalisé de compensation à la famille. Si cette proposition est différente de la demande, l'IME en sera informé avant le passage en commission des droits et de l'autonomie des personnes handicapées (CDAPH) et vous, ME référent, aurez la possibilité d'être entendu. La CDAPH prendra la décision finale, et notifiera la décision à la famille.

Une des conditions de réussite du projet pour Zoé est la coordination étroite des différents acteurs, aussi faudra-t-il créer des instances de dialogue entre professionnels et parents, et entre les professionnels eux-mêmes : enseignants, équipe pluridisciplinaire de l'IME.

Des instances de concertation et d'évaluation seront nécessaires pour répondre à des besoins plus individualisés, en organisant par exemple des temps de soutien (scolaire, éducatif…).

Conclusion

La scolarisation des enfants handicapés est un droit reconnu. L'école a pour vocation d'accueillir les enfants relevant de son secteur. La CDAPH, par le biais du PPS, organise la scolarité des élèves assortie de mesures d'accompagnement si nécessaire.

L'accueil des enfants et des parents dans une structure demande une connaissance des textes et des dispositifs, afin de mieux répondre aux besoins d'apprentissage scolaire de l'élève, tout en associant les parents directement concernés par l'éducation de leur enfant, et les différents partenaires concernés par la situation.

SUJET 6

Académies Bordeaux-Nantes-Rennes

Vous êtes moniteur-éducateur au sein d'un foyer de vie. Vous êtes le référent de Sandrine, âgée de 28 ans et atteinte d'une déficience intellectuelle moyenne. Vous recevez Sandrine pour un entretien, dans le cadre de la révision de son projet individuel. Elle vous fait part de son souhait de travailler et de quitter le foyer de vie. Lors de la réunion de synthèse, les professionnels soulignent que Sandrine participe activement aux différents ateliers proposés.

Volontaire, elle fait preuve de bonnes capacités en ce qui concerne la concentration notamment. Elle aime particulièrement la couture et a démontré qu'elle avait des capacités dans ce domaine.

Jusqu'à présent, sa mère l'accompagnait dans les différentes démarches administratives, bien qu'aucune mesure de protection n'ait été prononcée. Vivant seule et étant âgée de 60 ans, la mère de Sandrine a de plus en plus de difficultés pour venir en aide à sa fille. Elle vous a contacté pour savoir s'il était possible que quelqu'un prenne le relais, afin que Sandrine soit aidée pour les démarches administratives. Les professionnels s'accordent effectivement sur l'opportunité d'une mesure de protection pour assister Sandrine.

En tant que référent, vous êtes chargé d'expliquer à Sandrine et à sa mère les démarches à effectuer, et de leur communiquer l'avis de l'équipe quant à l'opportunité d'une mesure de protection.

1 Quel est le cadre juridique et institutionnel des foyers de vie ?
Quelles sont les missions d'un foyer de vie et quelles sont les populations accueillies ?

2 Vers quel type de structure Sandrine pourrait-elle être orientée conformément au dispositif législatif en vigueur ?
En tant que référent, comment pourriez-vous accompagner Sandrine dans ses démarches, quant à cette orientation éventuelle ?

3 Quels sont les acteurs intervenant dans le champ des mesures de protection ?
En vous référant au texte de loi en vigueur, vous argumenterez votre réponse pour établir quelle mesure de protection vous semble la plus adaptée aux besoins de Sandrine, et vous préciserez qui peut être désigné pour exercer cette mesure.

CORRIGÉ

Introduction

Travaillant dans un foyer de vie et référent d'une jeune adulte, le ME est sollicité par deux demandes :

- celle de Sandrine qui souhaite quitter le foyer de vie,
- celle de la mère qui souhaite faire bénéficier sa fille d'une mesure de protection.

Depuis la loi n° 2002-2, ces souhaits ou demandes doivent être pris en compte dans le cadre du projet personnalisé. L'opportunité de ces demandes doit être appréciée en équipe, avant de définir et d'entreprendre les démarches à réaliser.

1 Cadre juridique des foyers de vie

Le foyer de vie, comme toute institution accueillant des enfants ou des adultes, relève de la loi du 2 janvier 2002 rénovant l'action sociale et médico-sociale. Ce texte de loi définit les droits des usagers et détermine les outils à mettre en œuvre, afin de garantir l'effectivité de ces droits. Cet établissement accueillant des personnes en situation de handicap relève également de la loi du 11 février 2005 pour l'égalité des droits et des chances, la participation et la citoyenneté des personnes handicapées.

La CDAPH (commission des droits et de l'autonomie des personnes handicapées) de la MDPH prononce les mesures en faveur de la personne handicapée, désigne l'établissement correspondant à ses besoins et attribue l'allocation aux adultes handicapés (AAH).

Cette commission devra se prononcer à nouveau sur la demande en cours.

Missions d'un foyer de vie

Dans les foyers de vie sont orientées et accueillies des personnes adultes qui ne peuvent pas, ou plus, exercer une activité professionnelle en milieu ordinaire ou protégé (ESAT), du fait de leur handicap.

Ces personnes ont toutefois suffisamment d'acquis et d'autonomie pour participer aux différentes activités éducatives proposées quotidiennement.

Les foyers de vie accompagnent les personnes accueillies dans les actes de la vie quotidienne, dans les différentes activités (ateliers), tout en veillant à leur protection et à leur sécurité.

Cet accompagnement se fait dans le cadre d'un projet personnalisé ou individualisé et dans le respect des droits de la personne (livret d'accueil, la Charte des droits et libertés, contrat de séjour, conseil de vie sociale, règlement de fonctionnement...).

L'élaboration de ce projet d'accompagnement nécessite une participation directe de l'usager et de sa famille (respect de la vie privée, libre choix des prestations, accès aux informations).

L'accompagnement éducatif proposé dans un foyer de vie vise à favoriser l'intégration sociale des personnes accueillies, à développer leurs capacités ou acquisitions, tout en s'appuyant sur l'évolution de leurs besoins, de leurs demandes, afin de garantir des prestations adaptées (« prise en charge ou accompagnement individualisé et de qualité, respectant le consentement éclairé »).

2 Analyse de la demande de Sandrine, orientation possible et démarches éventuelles

Sandrine souhaite travailler et quitter la structure. Lors de la réunion de synthèse, l'accent est mis sur ses capacités. Cette évaluation de ses potentiels de participation, d'adaptation et de production, peut permettre une nouvelle orientation de son projet de vie, conformément à sa demande et à ses droits (loi du 11/02/2005 sur le libre choix du mode de vie).

Concernant cette réorientation, Sandrine devra solliciter la MDPH et plus précisément la CDAPH qui, au regard des éléments apportés par l'équipe et après appréciation de sa situation, proposera ou ne proposera pas une nouvelle orientation.

En effet, une orientation possible vers un SAVS (service d'accompagnement à la vie sociale) nécessitera d'autres ressources financières ou un travail en ESAT (établissement et service d'aide par le travail).

Le travail d'accompagnement réalisé par le ME référent suppose des rencontres ou des entretiens, afin de faire émerger les attentes de Sandrine, en prenant en compte ses besoins, ses capacités, ses demandes, ses désirs. De plus, un stage en ESAT, par exemple, permettrait de vérifier la crédibilité du nouveau projet professionnel.

La mère qui accompagne et aide sa fille sera associée aux démarches et plus particulièrement lors de la prise de contact avec les autres structures (SAVS, ESAT), pour effectuer les démarches administratives (allocation logement par exemple).

En fonction de la décision de la CDAPH, le ME devra préparer avec Sandrine, soit un départ vers un nouveau lieu de vie, soit son maintien dans le foyer avec certainement quelques aménagements afin de mieux répondre à ses besoins.

3 Les mesures de protection

La loi du 5 mars 2007 sur la protection juridique des majeurs, publiée au *JO* le 7 mars 2007, est entrée en vigueur le 1er janvier 2009. Cette nouvelle loi propose d'assurer un système de protection plus personnalisé pour un adulte qui se trouve dans l'incapacité de préserver ses intérêts. Dans cette nouvelle loi, les mesures judiciaires de protection n'interviennent qu'à défaut des autres modalités de prise en charge : la mesure contractuelle d'accompagnement social personnalisé (MASP), ou la mesure d'accompagnement judiciaire (MAJ).

La réforme réaffirme la priorité familiale dans le choix de la personne chargée d'assurer la mesure, cependant cette situation n'est pas toujours possible. Dans ce cas, un mandataire judiciaire de protection des majeurs sera désigné. Ce professionnel devra, dans le cadre de son intervention auprès de la jeune protégée, garantir ses droits et libertés, l'informer de sa situation, des actes qui la concernent, de leur utilité. Dans le cadre de cette mesure, sa vie privée sera légalement respectée (choix du lieu de vie, de son libre arbitre dans certaines décisions concernant son intimité, ses choix de vie…).

Les démarches, les acteurs, la mesure

La demande doit être adressée au juge des tutelles. Après établissement d'un certificat médical établi par un médecin agréé, le juge des tutelles a obligation de procéder à l'audition de la personne à protéger, avant de statuer.

Le juge des tutelles peut être saisi par la personne elle-même, son conjoint, par tout parent allié ou toute personne entretenant des liens étroits et stables, ou par le procureur.

Dans la situation présentée, Sandrine, sa mère ou bien encore la structure par le biais du procureur de la République pourraient saisir le juge des tutelles.

Les mesures de protection existantes sont la sauvegarde de justice qui est une mesure de protection temporaire, la curatelle qui est une mesure d'assistance et de contrôle dans les actes de la vie civile, et la tutelle qui est une mesure de représentation.

Sandrine semble avoir besoin d'une assistance, d'un accompagnement dans les actes de la vie quotidienne. Aux dires de la mère et après échange au sein de l'équipe, une mesure de représentation, c'est-à-dire la tutelle, ne serait pas adaptée à la situation de Sandrine.

En effet, la mère de Sandrine l'accompagne régulièrement dans les différentes démarches administratives, elle ne parle pas de représentation, mais bien d'aide ou de conseils.

Dans la situation présente, au regard des besoins d'assistance de Sandrine dans les actes de la vie civile, il semblerait que la mesure la plus appropriée puisse être la curatelle.

Il existe deux types de curatelle, la curatelle simple et la curatelle renforcée.

Ces deux mesures sont prononcées pour une durée de 5 ans, renouvelable par décision du juge, afin d'assurer un meilleur suivi et une meilleure connaissance de la situation.

Dans la mesure de curatelle simple, la personne conserve sa capacité de décision, mais pour les actes les plus importants, c'est-à-dire les actes qui pourraient engager, par exemple, son patrimoine, il lui faudra l'assistance de son curateur.

Pour la curatelle renforcée, le curateur perçoit seul les revenus de la personne protégée au nom de cette dernière et assure les dépenses.
Dans le cas présent, il semble qu'une curatelle simple serait la plus appropriée, car Sandrine paraît rencontrer des difficultés pour réaliser certains actes et nécessite un accompagnement pour les actes les plus importants. Une curatelle renforcée pourrait être un peu lourde, au vu des éléments, car rien n'indique que Sandrine rencontre des difficultés pour gérer tous ses revenus.
Pour désigner le curateur, le juge va rechercher dans l'entourage de la personne si quelqu'un est en capacité d'exercer cette fonction. Si ce n'est pas possible, alors il désignera un professionnel appelé « mandataire judiciaire ».
Enfin il existe la possibilité de désigner par avance, par le biais d'un mandat de protection future, celui ou celle qui assurera la gestion de ses biens et la protection de sa personne.

Conclusion
Pour le ME, assurer une fonction de référent nécessite des connaissances législatives, des capacités à identifier les acteurs concernés par une mesure, de repérer la place de la famille, de garantir le droit des usagers.
Ces connaissances qui prennent en compte l'évolution des politiques sociales vont lui permettre d'apprécier les demandes des résidents, et ainsi d'accompagner Sandrine dans ses démarches et de proposer à sa mère un relais par une mesure de protection, afin de mieux garantir le projet de vie de sa fille.

SUJET 7

Académies Lille-Arras-Amiens

Mme D. rencontre des difficultés dans la prise en charge de ses 4 enfants (Angélique, 18 ans, Alexandra, 15 ans, Paul, 10 ans, et Anaïs, 6 ans). Suite au décès de son mari, sa situation s'est dégradée socialement, matériellement et physiquement, en aggravant l'alcoolisme déjà existant chez elle. Elle fait alors appel aux services de l'ASE, sollicitant un accueil temporaire pour les trois enfants mineurs, afin de se consacrer à une hospitalisation en vue d'une cure de désintoxication.
Angélique vit chez les parents de son petit ami. L'ASE répond favorablement à l'accueil temporaire d'une durée de trois mois en accord avec Mme D. Les trois enfants sont donc placés en maison d'enfants à caractère social. Les services de l'ASE se trouvent confrontés, à la sortie de l'hospitalisation de Mme D., au fait qu'elle ne donne plus signe de vie aux enfants et qu'elle n'est plus présente au domicile.

1 Quelles peuvent être les réponses apportées par l'ASE à cette situation ?

2 Quel est le cadre juridique de cette décision de placement ?

3 Quels sont les droits de la sœur aînée ? Peut-elle se positionner et prendre des responsabilités auprès de ses frères et sœurs ? Auprès de qui doit-elle pouvoir faire les démarches ?

4 Quel type d'accompagnement proposeriez-vous à ces mineurs en tant que moniteur-éducateur dans le cadre du placement ?

CORRIGÉ

Introduction

Devant bénéficier d'un suivi médical (cure de désintoxication) et étant seule à assumer l'autorité parentale, Mme D. n'est plus en mesure d'assurer la protection de ses trois enfants mineurs.

L'ASE, sollicitée, lui propose l'accueil provisoire de ces trois enfants dans une MECS pour une durée liée à son hospitalisation (article 221-223 du Code de l'action sociale et de la famille sur les missions de l'ASE, portant sur l'entretien et l'hébergement des mineurs, l'exercice de l'autorité parentale et la durée d'un accueil provisoire).

Depuis, la mère ne s'est pas manifestée auprès de ses enfants, des services de l'ASE ou auprès des éducateurs de la MECS. Cette situation est préoccupante. Sans l'accord de la mère, l'ASE se trouve dans l'impossibilité de poursuivre cette mesure administrative.

1 Les réponses apportées par l'ASE dans cette situation

Les enfants de Mme D. sont pris en charge par le service de l'ASE du département, en vue de leur protection et d'un retour en famille dès que possible. Cet accueil réalisé à la demande de la mère vise à apporter un soutien matériel, éducatif, et une aide psychologique aux enfants mineurs.

L'admission des enfants dans la MECS, ainsi que les modalités du placement et de l'exercice du droit de visite, ont été décidés avec l'accord de la mère qui s'est engagée à recueillir ses enfants à la fin de son hospitalisation.

La mère gardant l'autorité parentale, toute décision concernant ses enfants (école, santé, loisirs, vêture...) devra être prise avec son accord, même si on peut supposer qu'une cure de désintoxication impose une certaine rupture ou coupure avec l'environnement. Dans les modalités de l'accueil, les conditions du maintien des liens ont dû être précisées, afin, entre autres, de rassurer les enfants sur l'état de santé de leur mère.

À sa sortie, la mère contrairement à ses engagements, ne répond pas aux sollicitations des services sociaux ou de l'équipe éducative. Les services de l'ASE se trouvent dans l'impossibilité de poursuivre la mesure administrative sans l'accord du représentant légal.
Les actions entreprises auprès de la mère se révélant inopérantes, l'ASE devra saisir le juge des enfants qui ordonnera en urgence une mesure d'assistance éducative.

2 Cadre juridique d'une décision judiciaire

Conformément à l'article 375 du Code civil, « lorsque la santé, la sécurité pour la moralité d'un mineur est en danger » ou « si les conditions de son éducation, de développement physique, affectif, intellectuel et social sont gravement compromises », le juge pourra confier les enfants à un établissement (MECS) ou à un autre service de l'ASE (famille d'accueil...).
La mesure peut être prise en même temps pour plusieurs enfants relevant de la même autorité parentale. Le juge doit informer le procureur de la République et les parents. Il doit auditionner la mère et les enfants. L'objectif d'une décision judiciaire est de protéger les enfants et d'accompagner les parents (la mère), le temps de la mesure.
Dans la situation proposée, en urgence, une mesure provisoire de placement devra être prise, soit par le procureur de la République, soit par le juge des enfants, sans l'avis de la mère.
Dans ce cadre, le juge aura la possibilité de convoquer ou de faire convoquer la mère d'une façon plus formelle, afin de recueillir son avis et de rétablir le lien familial. Enfin le JE, dans son ordonnance, pourra renouveler le placement dans la même MECS en fixant la durée de la mesure.

3 Les droits de la sœur aînée

Majeure, la sœur a la possibilité de demander un droit de visite afin de maintenir des liens affectifs avec ses frères et sa sœur. Dans ce cadre, elle pourra solliciter l'établissement ou le JE pour des rencontres, pour fêter un événement...
Le JE devra faciliter et favoriser ces liens en autorisant, par exemple, si la situation matérielle le permet, des séjours d'un des enfants dans le lieu de vie de l'aîné.
Enfin, en fonction de l'attitude de la mère, le juge peut modifier sa décision (ordonnance), le retour en famille étant l'objectif recherché. La loi indique que chaque fois qu'il est possible, le mineur doit être maintenu dans sa famille.

4 L'accompagnement des enfants au sein de la MECS

Placés pour permettre à leur mère de se soigner, les 3 enfants bénéficient d'un document individuel de prise en charge (DIPEC) élaboré par l'équipe éducative et Mme D.
Ce document énonce les objectifs du placement et les grandes lignes de l'accompagnement au quotidien de ces enfants, afin de leur permettre de suivre

leur scolarité sans trop de perturbations et de rester en lien entre eux, avec leur mère et leur grande sœur.
Cependant, selon le projet pédagogique de l'établissement, les enfants pourront être accueillis sur le même groupe (groupes verticaux), ou sur 3 groupes différents (groupes horizontaux en fonction des tranches d'âge). Dans cette configuration, des rencontres intergroupes devront être organisées pour maintenir les liens entre les frères et la sœur.
Du fait de l'attitude de la mère, les objectifs et les modalités du placement sont désormais définis avec le juge des enfants. La finalité de la prise en charge demeure la restauration du lien avec la mère et le retour en famille dès que possible. Le moniteur-éducateur devra donc élaborer son accompagnement éducatif en tenant compte de cet objectif.

Conclusion
En ne se manifestant pas, la mère met ses enfants en danger. Son absence a des conséquences sur leur développement affectif.
La gravité de cette situation nécessite une protection judiciaire des enfants sans délai.
La mise en danger des enfants peut faire l'objet d'une information préoccupante. Si la mère se présente et accepte les mesures proposées, la situation ne fera pas l'objet d'un signalement, par contre, si elle persiste dans son attitude, rendant impossible une collaboration avec les services de l'ASE, le procureur de la République en sera informé, la situation relevant d'une qualification pénale.

SUJET 8

Académies Lille-Arras-Amiens

François, 9 ans, est pris en charge à l'IME depuis un an. Il est orienté dans cet établissement à la suite de difficultés scolaires d'apprentissage et de problèmes de comportement.
François a suivi deux années de grande section maternelle et une année de CP. Il présente une déficience intellectuelle et tendrait à adopter des stratégies d'évitement dans les activités scolaires pour ne pas se trouver en échec. La mère de François dénie les difficultés de son fils et s'oppose au projet que les professionnels lui présentent. Ce projet préconise une poursuite de la prise en charge en IME.

1 À qui doit s'adresser la mère de François pour que son fils soit à nouveau scolarisé dans une école primaire ?

2 Quel est le contexte législatif de l'intervention du moniteur-éducateur ?

3 Quel type d'accompagnement proposeriez vous à François et à sa mère ?

CORRIGÉ

Introduction

Après une année de prise en charge en IME, les parents de François souhaitent une nouvelle orientation scolaire pour leur fils. Cette décision de placement en IME avait été prise, à la demande et avec l'accord des parents, par la maison du handicap conformément au texte de loi du 11 février 2005 « pour l'égalité des droits et des chances, la participation et la citoyenneté des personnes handicapées ».

1 La demande d'inclusion scolaire

La loi du 11 février 2005 permet, pour les enfants en situation de handicap, une inscription dans une école élémentaire de l'Éducation nationale, sur la base d'une scolarisation dans une classe ordinaire, avec éventuellement une aide spécifique, ou sur la base d'une scolarisation dans une classe adaptée avec enseignement personnalisé (classe pour l'inclusion scolaire, CLIS), le recours aux établissements médico-sociaux (IME) étant considéré de façon complémentaire. D'après ce texte, François devrait avoir un établissement ordinaire de référence et un projet personnalisé de scolarisation (PPS). C'est dans le cadre de son PPS élaboré par les équipes pluridisciplinaires de la CDAPH, en lien étroit avec l'élève et sa famille et en fonction de son plan personnalisé de compensation de son handicap, que l'orientation en IME a été décidée.
Suite à la demande des parents, ce projet peut être de nouveau abordé et légalement redéfini, afin de répondre au mieux aux besoins de l'enfant, tout en prenant en compte les attentes des parents.

2 Le contexte législatif : la loi du 2 janvier 2002 « rénovant l'action sociale et médico-sociale »

Dans le cadre de sa prise en charge en IME (contexte de l'intervention du ME), les parents de François bénéficient de droits définis dans le cadre de la loi du 2 janvier 2002, avec, entre autres :

- Le libre choix des prestations.
- Un accompagnement individualisé respectant un consentement éclairé, l'accès à l'information, à l'information sur les droits fondamentaux, les voies de recours.
- L'accès à un conciliateur ou médiateur en cas de conflits avec l'équipe éducative.

3 L'accompagnement de François et ses parents

Dans le cadre d'une redéfinition du projet personnalisé de scolarisation (PPS), le ME, interlocuteur des parents, devra rappeler leurs droits (l'initiative du PPS revient aux parents), préciser le rôle de l'équipe éducative, entreprendre des démarches auprès de la MDPH, afin d'aborder le projet de vie de l'enfant en tenant compte des besoins, des souhaits, des désirs, des attentes et des choix possibles.

La CDAPH sera l'instance compétente pour reprendre une décision concernant le PPS. Elle se prononcera sur la base d'un nouveau projet élaboré par l'équipe éducative et l'équipe pluridisciplinaire de la commission.

La décision sera notifiée au représentant légal (parents) et elle devra être motivée. En cas de désaccord, des procédures de conciliation sont prévues par la loi ainsi que des voies de recours. Dans les échanges avec la mère de François, d'autres modes de prise en charge pourront être abordés : orientation en CLIS 1 (classe destinée aux élèves dont la situation de handicap procède de troubles de la fonction cognitive) ou une orientation en IME avec des temps d'inclusion en classe primaire (placement à temps partiel ou séquentiel), pour permettre à l'enfant de bénéficier du suivi de l'équipe éducative, tout en favorisant son insertion scolaire ou sociale en milieu ordinaire.

Conclusion

La loi de 2005 a prévu dans le cadre de la scolarisation des élèves en situation de handicap des dispositifs de prise en charge, afin de répondre au plus près aux besoins ou intérêts de l'enfant, tout en tenant compte des demandes des parents.

« En fonction de l'évaluation de la situation de l'élève, il lui sera proposé un PPS[1] assorti des ajustements nécessaires, en favorisant, chaque fois que possible, la formation en milieu scolaire. Le PPS constitue un des éléments du plan de compensation du handicap », article 146.8 du Code de l'action sociale et des familles.

1. « Le PPS définit les modalités de déroulement de la scolarité et les actions pédagogiques, psychologiques, éducatives, sociales, médicales, paramédicales répondant aux besoins des élèves présentant un handicap », article D.351-5 du Code de l'éducation.

SUJET 9

Académies Paris-Créteil-Versailles

Kévin a 16 ans. Il a été placé de 9 à 11 ans. Il est retourné ensuite chez ses parents, mais au bout de 10 mois la situation s'est dégradée : fugues, insultes, école buissonnière.
Ses parents demandent à nouveau le placement. Kévin se retrouve au sein du même foyer dans le cadre d'un accueil provisoire.
Aux 14 ans et demi de Kévin, le placement est devenu judiciaire à la suite de reprises répétées de Kévin par ses parents, et d'une dégradation de la situation familiale.
L'évolution de l'enfant est positive, il s'est engagé depuis dans un pré-apprentissage qui aujourd'hui, à ses 16 ans, se concrétise par un contrat d'apprentissage.
L'employeur de Kévin est domicilié à 2 kilomètres de l'adresse de ses parents. La situation familiale reste fragile, mais l'équipe éducative veut prendre en compte la demande d'un rapprochement de Kévin et de sa famille. L'équipe éducative évoque la possibilité de faire évoluer le placement de Kévin vers un hébergement séquentiel.

1 À quel texte législatif devez-vous vous référer ? Qu'est-ce qu'un hébergement séquentiel ?

2 Quel séquencement pouvez-vous proposer au regard de la situation ? Justifiez votre réponse.

3 En tant que moniteur-éducateur, quels sont les axes de travail que vous pouvez dégager et comment vous positionnez-vous par rapport à ceux-ci ?

CORRIGÉ

Introduction

Après avoir connu plusieurs placements liés à sa situation familiale, Kévin semble aujourd'hui mobilisé par son projet d'apprentissage. Cet engagement dans une orientation professionnelle et sa maturité devraient permettre une évolution de sa situation, conformément au texte de loi du 5 mars 2007 qui propose de diversifier les modes de prise en charge avec possibilité d'accueil ponctuel.

1 L'hébergement séquentiel

La loi du 5 mars 2007 réformant la protection de l'enfance introduit de nouveaux dispositifs d'accueil plus souples, plus évolutifs.

Cette pratique d'alternance généralisée par la loi a été expérimentée avec succès depuis plusieurs années dans quelques départements. Cette modalité de prise en charge permet un accueil à temps partiel, modulable en fonction des besoins de l'enfant, des difficultés rencontrées, afin de maintenir, restaurer, favoriser les relations familiales et la place des parents.

Par cette mesure, Kévin pourrait être hébergé dans l'institution quelques jours par semaine.

2 L'organisation du dispositif

L'organisation du dispositif séquentiel va dépendre du projet individualisé ou du document individuel de prise en charge (DIPEC). Ce document élaboré avec le jeune, l'équipe représentée par le référent, et ses parents, devra définir de nouveaux objectifs : épauler Kévin dans sa démarche d'apprentissage, de qualification et d'insertion professionnelle, associer les parents par un engagement d'accueil de leur fils sur des périodes précises.

3 Les axes de travail du moniteur-éducateur

Les axes de travail sont définis par le projet individualisé ou le DIPEC, validés et signés par tous les protagonistes (jeune, parents, institution).

Par ce document, l'équipe s'engage à soutenir le jeune dans sa démarche, par des entretiens réguliers avec le moniteur-éducateur référent de la situation, par des contacts avec le centre d'apprentissage ou l'employeur, par l'aide à la scolarité.

Les parents informés et associés s'engagent de leur côté à faciliter l'accueil familial de Kévin par une présence, une disponibilité, une aide maternelle. Ce retour en famille sous forme séquentielle devrait permettre de renouer des liens, liens qui ont fait défaut dans le développement affectif et éducatif de Kévin.

Conclusion

L'hébergement séquentiel est une des propositions innovantes de la loi du 5 mars 2007. Dans le cadre d'un placement, un accueil chez les parents pourra être organisé en fonction d'une durée et d'une fréquence adaptée aux difficultés rencontrées.

Dans le cadre de cet aménagement résidentiel, le moniteur-éducateur référent de la situation devra poursuivre son travail éducatif, afin d'accompagner ce retour en famille et pour le rendre plus pérenne et moins conflictuel.

SUJET 10

Académies Paris-Créteil-Versailles

Hubert est un enfant âgé de 9 ans. Il est actuellement en CE1 après avoir effectué deux CP, et ses résultats scolaires restent faibles.
À la mort de son père, la situation s'aggrave : Hubert manifeste une forte attitude de repli et une absence de communication.
Le bilan effectué par le psychologue scolaire indique qu'en plus des difficultés de communication Hubert présente une déficience intellectuelle. Lors de la réunion de l'équipe éducative, la mère évoque ses conditions de vie désormais précaires, son incapacité à faire face à la situation d'Hubert, et elle demande de l'aide.
Il apparaît qu'une prise en charge par un établissement de type IME soit une réponse possible aux difficultés présentées par Hubert.

1 Quelle sera l'instance préconisant cette démarche (quel est le cadre légal de celle-ci) ?

2 Quelle est la fonction de l'IME ? Quelles populations y sont accueillies ?

3 Quel projet éducatif pourriez-vous proposer, avec quelles propositions concrètes pour l'efficacité de la prise en charge ?

CORRIGÉ

Introduction

Scolarisé dans une classe ordinaire de l'Éducation nationale, Hubert pourra être orienté en IME dans le cadre de son PPS (projet personnalisé de scolarisation), élaboré par la CDA (commission des droits et de l'autonomie)[1], en lien étroit avec sa mère et l'enseignant référent du groupe scolaire (loi du 11 février 2005).

1 Cadre légal

La décision d'orientation en IME s'inscrit dans le cadre de la mise en œuvre de la loi du 11 février 2005, intitulée loi « pour l'égalité des droits et des chances, la participation et la citoyenneté des personnes handicapées », et dans le cadre des procédures définies dans le Code de l'éducation.

1. CDA ou CDAPH.

La MDPH est, conformément à la loi, l'instance compétente pour apprécier la situation de handicap.
La CDA, ou CDAPH, est l'instance d'évaluation des besoins de l'enfant, et de propositions formulées dans le PPS et dans le plan personnalisé de compensation du handicap (PPCH).

La démarche :

- Lors d'une réunion de l'équipe éducative de l'école primaire, organisée par le directeur en présence de la mère, il est demandé à cette dernière de saisir la MDPH par le biais de l'enseignant référent. Le directeur informe l'Inspecteur chargé de la scolarisation des enfants handicapés.
- La mère doit saisir la MDPH (dans les 4 mois) avec l'aide de l'enseignant référent, qui est chargé de transmettre tous les éléments en sa possession, afin de présenter la situation dans sa globalité (aspect scolaire, médical, psychologique, social…).
- L'équipe pluridisciplinaire de la CDAPH se réunit au sein de la MDPH pour étudier la demande et proposer aux parents une orientation, un projet personnalisé de scolarisation (PPS), un PPCH, par le biais d'une notification.
- Cette notification est transmise à la mère, à l'enseignant référent et à l'établissement concerné (IME).
- Dans le cadre d'une orientation en IME, il revient à la mère de prendre contact avec l'établissement concerné pour inscrire son enfant.

2 Présentation d'un IME

Un IME accueille prioritairement des enfants et des jeunes handicapés, pour lesquels la vie quotidienne en établissement scolaire ordinaire requiert des aptitudes relationnelles, ainsi que des capacités d'autonomie et de communication qu'ils ne possèdent pas toujours. Ces enfants et adolescents demandent un accompagnement et un encadrement éducatifs importants que ne peuvent pas offrir les établissements scolaires (malgré les aides de type AVS ou SESSAD).
L'IME prend en charge les soins médicaux et paramédicaux, les transports, l'infrastructure scolaire et souvent l'hébergement.
L'IME n'a donc pas vocation à accueillir des élèves qui pourraient bénéficier d'une scolarisation dans leur école ou établissement scolaire de référence, grâce à des dispositifs adaptés ou de consolidation, type CLIS ou SESSAD. L'IME accueille des enfants et des jeunes qui présentent une déficience intellectuelle avec des troubles importants des fonctions cognitives, associés à une certaine immaturité affective et pour qui seule une scolarisation à temps partiel doit être envisagée.

3 Projet éducatif

L'accueil du jeune Hubert sera organisé en fonction des éléments du PPS, de l'évaluation de ses capacités, et conformément aux préconisations de la loi n° 2002-2.

Ainsi, élaboré avec l'accord de la mère, le projet individualisé devra favoriser :

- les apprentissages scolaires par une aide pédagogique adaptée aux difficultés de l'enfant, afin de faciliter ses acquisitions ;
- un soutien psychologique, afin d'aborder les difficultés de communication et le repli sur soi ;
- un accompagnement éducatif encadré par le ME, par exemple, pour développer les apprentissages de la vie quotidienne, permettre une certaine autonomie dans les tâches matérielles, et un certain épanouissement, à partir d'activités de socialisation.

Conclusion

L'accueil d'Hubert en IME nécessite une bonne connaissance des textes et des procédures.

Aujourd'hui, le cadre législatif et réglementaire permet, théoriquement, d'apporter une réponse de scolarisation, en fonction des besoins d'un enfant en situation de handicap et des attentes de ses parents.

L'objectif des textes est de proposer à l'enfant le mode de prise en charge le plus adapté à ses difficultés, dans un lieu où il pourra s'épanouir.

VI Annales corrigées, juin 2011

SUJET 1

Académies Besançon, Dijon, Grenoble, Lyon, Nancy-Metz, Reims, Strasbourg

Vous exercez vos fonctions de moniteur-éducateur au sein de l'équipe pluridisciplinaire d'un centre d'hébergement et de réinsertion sociale (CHRS) dédié à l'accueil, l'hébergement, l'accompagnement de femmes majeures victimes de violences conjugales avec ou sans enfants. Le dispositif vise à soutenir les victimes de violences par un accompagnement social et juridique afin que soient respectés leurs droits et ceux de leurs enfants et à favoriser leur accès à l'autonomie. Madame, 31 ans, est admise en urgence au CHRS avec ses deux enfants âgés de 2 et 5 ans. Au cours de l'entretien d'accueil, il apparaît que Madame a déjà quitté le domicile conjugal à plusieurs reprises pour se protéger de la violence de son mari. La rupture définitive est difficile à envisager pour elle du fait de contraintes multiples : manque de ressources, présence des enfants, absence de soutien familial…
En vous appuyant sur vos connaissances, répondez aux questions suivantes :

1 La loi du 9 juillet 2010 relative aux violences faites spécifiquement aux femmes, aux violences au sein des couples et aux incidences de ces dernières sur les enfants instaure une ordonnance qui peut être délivrée en urgence par le juge aux affaires familiales.
Que permet cette ordonnance ?

2 Les CHRS sont considérés comme des établissements sociaux par la loi n° 2002-2 du 2 janvier 2002 rénovant l'action sociale et médico-sociale. Au-delà de l'accueil d'urgence, un contrat de séjour doit être élaboré. Expliquez.

3 Identifiez quels partenaires et acteurs seront mobilisés dans cette situation.
En tant que moniteur-éducateur au sein du CHRS, précisez de quelle manière vous allez travailler avec eux.

CORRIGÉ

Introduction

Le sujet proposé dans le cadre du DC4 du DEME, session 2011, prête à discussion. En effet, le texte de référence est trop récent (juillet 2010), les décrets d'application sont encore en cours d'élaboration, les dispositifs d'accueil en cours de financement. Le candidat ne pourra donc pas s'appuyer sur une pratique, mais uniquement sur des connaissances dans le cadre d'une veille professionnelle.[1]

Ce texte du 9 juillet 2010 est une réponse à un phénomène de société, « la violence faite spécifiquement aux femmes » (157 femmes sont mortes sous les coups de leur conjoint en 2008). Par ce texte, le législateur a souhaité prévenir les violences en adaptant le cadre juridique, afin de mieux protéger les femmes victimes.

1 La loi du 9 juillet 2010

La loi du 9 juillet 2010 relative aux violences faites spécifiquement aux femmes, aux violences au sein des couples et aux incidences de ces dernières sur les enfants instaure une ordonnance qui peut être délivrée en urgence par le juge aux affaires familiales.

Il s'agit d'une ordonnance de protection.

Toute femme en situation de danger peut bénéficier sans délai de mesures de protection indépendamment ou en amont du dépôt de plainte. Ce dispositif d'urgence permet également l'organisation des modalités de la vie quotidienne de la victime (attribution du logement, exercice de l'autorité parentale, contribution aux charges du mariage, autorisation de dissimuler le cas échéant sa résidence).

---

1. Dans le cadre de l'arrêté du 20 juin 2007 relatif au DEME, il est clairement spécifié que, dans la situation proposée au cours de l'épreuve écrite DC4, « les principaux axes de réponses attendus sont indiqués aux candidats : cadre réglementaire, partenaire identifié, incidence financière, buts poursuivis... Les compétences recherchées à travers l'épreuve sont : une capacité à établir une relation avec les partenaires, un sens de la veille professionnelle (s'informer et se former pour faire évoluer les pratiques).

Les grandes lignes de la loi du 9 juillet 2010

Le livre Ier du Code civil est complété par un titre XIV intitulé :

« DES MESURES DE PROTECTION DES VICTIMES DE VIOLENCES

« **Art. 515-9** – Lorsque les violences exercées au sein du couple ou par un ancien conjoint, un ancien partenaire lié par un pacte civil de solidarité ou un ancien concubin mettent en danger la personne qui en est victime, un ou plusieurs enfants, le juge aux affaires familiales peut délivrer en urgence à cette dernière une ordonnance de protection.

« **Art. 515-10** – … « Dès la réception de la demande d'ordonnance de protection, le juge convoque, par tous moyens adaptés, pour une audition, la partie demanderesse et la partie défenderesse, assistées, le cas échéant, d'un avocat, ainsi que le ministère public. Ces auditions peuvent avoir lieu séparément. Elles peuvent se tenir en chambre du conseil.

« **Art. 515-11** – L'ordonnance de protection est délivrée par le juge aux affaires familiales, s'il estime, au vu des éléments produits devant lui et contradictoirement débattus, qu'il existe des raisons sérieuses de considérer comme vraisemblables la commission des faits de violence allégués et le danger auquel la victime est exposée. À l'occasion de sa délivrance, le juge aux affaires familiales est compétent pour :
« 1° Interdire à la partie défenderesse de recevoir ou de rencontrer certaines personnes spécialement désignées.
« 2° Interdire à la partie défenderesse de détenir ou de porter une arme.
« 3° Statuer sur la résidence séparée des époux en précisant lequel des deux continuera à résider dans le logement conjugal et sur les modalités de prise en charge des frais afférents à ce logement.
4° Se prononcer sur les modalités d'exercice de l'autorité parentale.
5° Autoriser la partie demanderesse à dissimuler son domicile ou sa résidence et à élire domicile chez l'avocat qui l'assiste ou la représente ou auprès du procureur de la République près le tribunal de grande instance pour toutes les instances civiles dans lesquelles elle est également partie.
6° Prononcer l'admission provisoire à l'aide juridictionnelle de la partie demanderesse en application du premier alinéa de l'article 20 de la loi n° 91-647 du 10 juillet 1991 relative à l'aide juridique.

2 Accueil et contrat de séjour

L'accueil dans le CHRS peut être préparé ou réalisé dans l'urgence. Lorsque la prise en charge se poursuit dans le temps, la personne se verra proposer un contrat de séjour, conformément aux dispositions réglementaires de la loi n° 2002-2, dans lequel sont précisés les souhaits de l'usager et les moyens mis en œuvre par la structure accueillante afin de réaliser les objectifs négociés avec la personne.

Un statut particulier s'applique à toute personne qui, à sa demande, a été prise en charge au titre de l'aide sociale, et est hébergée dans un CHRS (Code de l'action sociale et des familles – article L311-3 à L311-5 et D311).

Un livret d'accueil doit être remis à la personne accueillie, afin de l'informer sur ses droits et obligations. À ce document sont obligatoirement annexés :

- une Charte des droits et des libertés garantissant à la personne le respect de sa dignité, de son intégrité, de sa vie privée, de son intimité et de sa sécurité ;
- le règlement de fonctionnement de l'établissement ;
- un contrat de séjour (obligatoire lorsque la durée du séjour prévisible est supérieure à 2 mois).

Ce document, élaboré avec la participation de la personne accueillie, définit les objectifs, la nature de la prise en charge, la durée de l'accueil, il détaille la liste et la nature des prestations offertes, ainsi que leur coût prévisionnel. Il prévoit en outre les conditions et les modalités de sa résiliation, de sa révision, ou de la cessation des mesures qu'il contient (art. 311, CASF). La personne accueillie peut faire appel, en vue de faire valoir ses droits en cas de conflit, à une personne qualifiée (médiateur) choisie sur une liste établie conjointement par le préfet et le président du conseil général.

3 L'accompagnement

L'accompagnement social d'une femme victime de violences conjugales vise prioritairement sa protection au sein du CHRS, puis, peu à peu, une autonomie hors de la structure d'accueil.

La femme victime de violences conjugales se trouve dans une situation dont il lui est souvent difficile de sortir. Les enfants témoins de ces violences au sein du couple parental sont également des victimes.

La prise de conscience de chacun des conjoints et leur mobilisation vers un changement sont nécessaires pour que la situation familiale évolue. (L'auteur des violences doit aussi prendre conscience de ses actes et bénéficier, à sa demande, d'un accompagnement par un autre service spécialisé.)

Il faut du temps à une femme victime pour envisager la rupture avec l'auteur des violences, d'autant plus quand les conditions socio-économiques sont défavorables.

Les intervenants sociaux doivent respecter les doutes et atermoiements de la victime et accepter de s'inscrire dans une prise en charge de plusieurs mois. Il est souvent nécessaire d'accompagner la personne victime de violences, en lui laissant l'opportunité de pouvoir faire des allers-retours entre la structure et chez elle.

Dans les faits, la femme victime fuit le domicile, dépose plainte, arrive au CHRS.

L'équipe pluridisciplinaire du CHRS doit tenir compte de la situation d'urgence et de ses répercussions psychologiques, en adaptant la procédure d'accueil, et en mettant en œuvre un dispositif d'hébergement rassurant et bienveillant.

Les partenaires

- Les services de police et de gendarmerie, premiers interlocuteurs des victimes, ont désormais, depuis la loi du 9 juillet 2010, l'obligation d'informer celles-ci de leur droit de demander une ordonnance de protection. (Il n'y a pas d'abandon du domicile si la femme part pour violences conjugales, toutefois, s'il n'y a pas de dépôt de plainte, le mari peut évoquer une soustraction d'enfant.)
- Les associations de défense des droits des femmes peuvent aussi assurer un accueil, une information et un accompagnement des femmes victimes de violences conjugales.
- Les associations d'aide aux victimes (permanences dans les maisons de la justice et du droit) apportent soutien et information aux victimes, tout comme les CIDFF (centres d'information sur les droits des femmes et des familles).
- Les médecins, les services d'urgence, le service social hospitalier. Pour l'établissement du certificat médical initial, le médecin doit être sur une liste agréée.
- Les acteurs de la justice, le procureur, le JAF et le juge des enfants ont un rôle déterminant dans la prise en compte des situations de violence conjugale, conformément au texte de loi du 9 juillet 2010.
- Les travailleurs sociaux du conseil général, à travers leurs différentes missions, PMI, ASE, service social départemental.
- Les bailleurs sociaux pour la recherche de logements.
- Pôle Emploi, ou les acteurs de l'insertion professionnelle concernant la situation d'emploi.

Conclusion

La mise en œuvre de la loi du 9 juillet 2010 devrait permettre un accueil des femmes victimes en CHRS dans de bonnes conditions matérielles et morales.
Ainsi, le JAF pourra statuer sur le lieu de résidence de la femme victime, définir des modalités de l'exercice de l'autorité parentale…
La mise en œuvre de ces mesures prises pour une durée maximale de 4 mois offre aux ME un cadre légal d'intervention et favorise un travail en partenariat au plus près de la situation de la femme et de ses enfants.

SUJET 2

Académies Besançon, Dijon, Grenoble, Lyon, Nancy-Metz, Reims, Strasbourg

Félix a été placé en maison d'enfants à caractère social (MECS) à l'âge de 8 ans. Sa maman est décédée lorsqu'il était en bas âge.
Assez rapidement après le décès de la mère, le père, isolé, sans soutien familial dans la région, s'est trouvé en difficulté dans l'éducation de cet enfant. Suite aux constats de négligences multiples et répétées et au refus du père de toute intervention des services sociaux, un signalement a amené le juge à décider d'un placement pour Félix.

1 Citez les textes législatifs de référence en matière de protection de l'enfance s'appliquant à la situation.

2 Déclinez les différentes étapes de la procédure ayant conduit Félix à être admis en MECS.

Âgé maintenant de 10 ans, Félix s'exprime peu, montre le profil d'un jeune peu sûr de lui restant souvent à l'écart des autres enfants de son âge. Il présente des difficultés importantes dans ses apprentissages scolaires. Il apprécie cependant les activités en lien avec la nature et les animaux. Félix séjourne ponctuellement, certains week-ends, dans une famille de parrainage. Son père ne s'est pas manifesté au cours des deux dernières années, mais il exprime depuis peu le souhait de reprendre contact avec son fils.

3 De quelle manière la loi du 2 janvier 2002 conçoit-elle les relations entre parents et institution ?

4 Vous êtes moniteur-éducateur dans cette MECS. Dans le cadre du projet individuel de Félix, identifiez les différents acteurs et partenaires avec lesquels vous devrez travailler. Développez votre réponse.

CORRIGÉ

Introduction

Depuis 2 ans, Félix est placé en maison d'enfants à caractère social (MECS), dans le cadre d'un accueil provisoire (placement administratif), à la demande et avec l'accord de son père.

Par son attitude, le père remet en cause ce type d'orientation qui ne peut fonctionner qu'avec sa participation à l'élaboration du projet individualisé de prise en charge (DIPEC).
De plus, le père, titulaire de l'autorité parentale, bloque par son absence toute décision concernant la vie quotidienne de son fils. Cette attitude qualifiée de négligente est vécue comme une forme de rejet ou d'abandon par l'enfant, et elle doit faire l'objet d'une information préoccupante par l'institution.

1 Les textes législatifs de référence en matière de protection de l'enfance

- Article 375 du Code civil : « Lorsque la santé, la sécurité ou la moralité d'un mineur sont en danger, ou lorsque ses conditions d'éducation sont gravement compromises, des mesures d'assistance éducative peuvent être ordonnées par justice à la requête du service à qui l'enfant a été confié. La décision fixe la durée de la mesure sans que celle-ci puisse, lorsqu'il s'agit d'une mesure éducative exercée par un service ou une institution, excéder deux ans. La mesure peut être renouvelée par décision motivée. Un rapport concernant la situation de l'enfant doit être transmis annuellement au juge des enfants par l 'équipe éducative. »
- La loi du 5 mars 2007 réformant la protection de l'enfance.
  Cette loi vise à redéfinir les objectifs en matière de protection, afin de mieux répondre aux situations de violence et de maltraitance. Dans ce texte, 3 objectifs sont réaffirmés : la prévention, la réorganisation des procédures de signalement, la diversité des modes de prise en charge des enfants.

2 Procédure

Suite aux constats de négligences multiples et répétées, une information préoccupante a été effectuée par les services sociaux de l'ASE, ou le responsable de la MECS (c'est une obligation pour toute personne ayant connaissance de négligences sur un enfant).
L'information préoccupante est évaluée par la cellule de recueil, de traitement et d'analyse des informations préoccupantes du conseil général, afin d'apprécier la mise en danger (dans la situation évoquée, mise en danger par carence affective et éducative).
La saisine de l'autorité judiciaire (le procureur de la République) vérifie que la situation au sujet de laquelle un signalement lui est adressé relève bien de sa compétence, et qu'une mesure d'assistance éducative prononcée par le juge des enfants est bien nécessaire.
Le juge des enfants décidera d'une ordonnance de placement à l'ASE, après avoir convoqué le père.
En fonction des éléments propres au cas de Félix, l'ASE, à qui l'enfant a été confié, met en œuvre l'ordonnance de placement du juge des enfants, en recherchant la structure la plus appropriée.

Structure type MECS capable d'accueillir un enfant de 10 ans, carencé affectif, par une prise en charge adaptée, afin qu'il puisse grandir dans un cadre rassurant auprès d'adultes (ME) bienveillants. Restaurer le lien avec le père restera un objectif à atteindre.

3 Coopération parents-institution

La loi du 2 janvier 2002 met l'usager au cœur du dispositif en lui donnant des droits, ainsi qu'à ses représentants légaux.

Les parents d'enfants placés dans des structures sociales et médico-sociales ont des droits, droit d'information, droit de participer à l'élaboration du projet individuel de leur enfant. Toutefois, dans la situation présentée, ces droits seront reconnus sous réserve des décisions de l'autorité judiciaire (JE) et de la nécessité de protection du mineur en danger.

4 Les acteurs de l'accompagnement de Félix

- L'équipe éducative (ME, ES) de la MECS encadrant l'enfant, le rassurant et le mettant en confiance.
- L'équipe pluriprofessionnelle (infirmière, médecin, psychologue, maîtresse de maison, surveillant de nuit...).
- Le juge des enfants.
- Le travailleur social ASE référent de la situation.

Les partenaires de l'accompagnement de Félix :

- L'école, l'enseignant de Félix pour prévoir une aide personnalisée au travail scolaire.
- Une association pédagogique proposant des activités autour de la nature.
- La famille de parrainage l'accueillant ponctuellement.

Conclusion

Le père souhaitant reprendre contact avec son fils, un contrat de responsabilité parentale pourra lui être proposé par le président du conseil général, avec des mesures d'aide selon ses difficultés personnelles.

En cas de non-respect de ses obligations, le président du conseil général peut saisir le procureur, afin d'engager des poursuites pénales (*cf.* CASF, articles L. 222-4-1 à L. 222-4-5).

SUJET 3

Académies Bordeaux, Caen, Clermont-Ferrand, Limoges, Nantes, Orléans-Tours, Poitiers, Rennes, La Réunion, Toulouse

Vous travaillez en tant que moniteur-éducateur dans une maison d'accueil spécialisée (MAS), au sein de laquelle Jean, 54 ans, vient d'être accueilli.

Il est atteint d'un handicap intellectuel et vous êtes son référent. Il est très dépendant et a besoin d'une aide régulière pour accomplir les actes essentiels de la vie quotidienne. De plus, son état de santé nécessite une surveillance médicale et des soins constants, notamment pour son hygiène. Il est hébergé la semaine au sein de la structure, mais tous les week-ends il rentre à son domicile et bénéficie d'une aide à domicile. Il souhaiterait aménager sa salle d'eau et sa chambre, car elles ne sont plus adaptées à son handicap. Lors d'un entretien, vous proposez à Jean d'effectuer une demande de prestation pour compenser les conséquences de son handicap. Vous l'accompagnez dans ses démarches.

Depuis que Jean est accueilli sur la structure, sa famille n'est venue le voir qu'une fois. Il en souffre et se renferme de plus en plus sur lui. Ce sont surtout ses petits-enfants qui lui manquent. Il ne veut plus participer aux activités et mange de moins en moins. Vous en discutez en réunion d'équipe. Tous les professionnels s'accordent sur le fait qu'il faudrait contacter la famille.

1 Vous expliquerez ce qu'est une MAS, et ses missions.

2 Quelle est la prestation dont il est question dans le deuxième paragraphe et sur quels critères peut-elle être attribuée ? Vers quel organisme pouvez-vous orienter Jean pour qu'il effectue sa demande de prestation ?

3 Quelles mesures pourriez-vous mettre en œuvre pour que la famille soit plus présente, et sur quels fondements juridiques pouvez-vous vous appuyer ?

CORRIGÉ

Introduction

Le projet de vie de Jean permet, à la fois, une prise en charge en MAS et un séjour à son domicile, lors des WE. Cependant, ce mode d'organisation encadré par des professionnels ne lui a pas permis de maintenir des liens avec sa famille comme il le souhaitait.

Ce besoin devra être aussi pris en compte dans le cadre de son projet de vie.

1 Les missions d'une MAS

Une MAS (maison d'accueil spécialisée) est un établissement qui relève de la loi 2002 régissant les modalités de fonctionnement des établissements médico-sociaux.

Une MAS accueille des adultes atteints d'un handicap intellectuel, moteur ou somatique grave, ou polyhandicapés, n'ayant pu acquérir une certaine autonomie pour accomplir les actes essentiels de la vie quotidienne. Leur état nécessite une aide pour les actes de la vie courante, une surveillance médicale et des soins quotidiens.

Plusieurs modalités d'accueil existent, telles que l'accueil en internat, l'accueil de jour ou bien encore l'accueil temporaire.

L'orientation vers ce type de structure est prononcée par la commission des droits et de l'autonomie des personnes handicapées (CDAPH), en réponse à une demande adressée à la maison départementale des personnes handicapées (MDPH).

Les MAS, dont une partie du financement est assurée par la Sécurité sociale, proposent un hébergement, des soins médicaux et paramédicaux, des aides à la vie sociale, des activités destinées, notamment, à préserver les acquis et prévenir les risques.

2 La prestation de compensation du handicap (PCH)

Cette prestation a été créée par la loi du 11 février 2005, dite « loi pour l'égalité des droits et des chances, la participation et la citoyenneté des personnes handicapées ».

La PCH peut être cumulée avec l'allocation adulte handicapé.

La PCH vise à compenser les conséquences du handicap. C'est une aide financière personnalisée. Elle permet de financer les besoins liés à la perte d'autonomie de la personne handicapée.

Le montant de la prestation est déterminé par l'équipe pluridisciplinaire de la MDPH, en fonction des besoins de la personne et sur la base de son projet de vie. Il est accordé par la CDAPH et versé par le département.

Pour pouvoir en bénéficier, la personne doit avoir moins de 60 ans. Son handicap doit générer, de façon définitive ou pour une durée prévisible, une difficulté absolue ou grave pour réaliser certains actes essentiels de la vie quotidienne.

Il est possible de bénéficier de cette prestation à domicile ou en établissement.

Par cette prestation, les aides couvertes peuvent être des aides humaines, aides techniques, des aides liées à l'aménagement du logement et du véhicule de la personne handicapée, de même que les éventuels surcoûts dus à son transport, aides animalières.

Ces aides sont plafonnées en fonction des ressources du demandeur.

La demande de Jean est donc tout à fait légitime, puisqu'elle s'inscrit dans son projet de vie. Elle devra être adressée à la MDPH de son département d'origine. Jean pourra ainsi bénéficier de cette aide pour l'aménagement de sa salle d'eau et de sa chambre.

3 Relation avec la famille

Dans le cadre de la loi du 2 janvier 2002 « rénovant l'action sociale et médico-sociale » et de la loi du 11 février 2005 dite « loi pour l'égalité des droits et des chances, la participation et la citoyenneté des personnes handicapées », la famille doit être associée à la prise en charge quand cela est possible (lors de la procédure d'accueil, de l'élaboration du projet de vie ou projet personnalisé, en précisant les modalités des visites ou des rencontres).

Il revient à la structure de mettre en œuvre tous les moyens nécessaires pour favoriser cette implication des familles.

Les petits-enfants ont le droit d'entretenir des relations avec les grands-parents, sauf si cette relation est contraire à l'intérêt de l'enfant. C'est le juge aux affaires familiales qui sera compétent pour prendre ce type de décision.

Tous les dispositifs doivent être mis en œuvre pour maintenir des liens familiaux en sollicitant l'équipe pluridisciplinaire (psychologue, psychiatre par exemple…), en donnant des informations à la famille sur la prise en charge de Jean.

Le directeur, le chef de service ou un membre de l'équipe peut contacter la famille pour l'informer sur ses droits de visite au sein de la structure et à domicile, pour comprendre leur réaction et organiser un entretien avec l'éducateur référent.

Il convient de respecter la demande de Jean vis-à-vis de ses petits-enfants. C'est un droit auquel il n'est possible de porter atteinte qu'en démontrant que ces relations sont contraires à l'intérêt de l'enfant.

Conclusion

Suite à l'évolution de sa situation de handicap, l'orientation en MAS de Jean (54 ans) a été prononcée par la MDPH de son département.

Cette décision a été prise en fonction de ses besoins et à sa demande. Sa famille a été associée à ces démarches, puisqu'elle est théoriquement partie prenante de la situation de Jean.

Le placement ne devrait donc pas être vécu comme une coupure avec le milieu familial, mais au contraire comme une mesure d'aide pour les actes de la vie quotidienne, mesures dont la finalité est de favoriser l'épanouissement de Jean par une relation plus harmonieuse avec sa famille.

Son projet de vie devrait comporter des éléments répondant à cet objectif.

SUJET 4

Académies Bordeaux, Caen, Clermont-Ferrand, Limoges, Nantes, Orléans-Tours, Poitiers, Rennes, La Réunion, Toulouse

Vous êtes moniteur-éducateur au sein d'une maison d'enfants à caractère social (MECS), dans laquelle Léa, 14 ans, est accueillie depuis 2 mois, sur ordonnance du juge pour enfants.
La maman, qui élève seule Léa, rencontre des difficultés pour faire face à l'éducation de sa fille, disant elle-même « qu'elle ne sait plus comment s'y prendre avec Léa ». Celle-ci ne lui obéit plus du tout, des absences répétées à l'école sont constatées, elle sort tard le soir, sans prévenir et sans dire avec qui elle est…
À l'audience chez le juge des enfants, la maman a reconnu être fragilisée et a accepté le placement de Léa. Elle a un droit d'hébergement chaque week-end.
Un soir, au moment où vous passez souhaiter une bonne nuit à chaque adolescent dans sa chambre, Léa vous interpelle : « Je peux te dire quelque chose… » Elle ajoute : « Tu le dis à personne, c'est un secret. » Peu à peu, elle finit par vous apprendre que son oncle l'a « touchée », lui a dit qu'elle était belle… « J'ai rien dit à maman… »

1 Quel est le cadre juridique de cette décision de placement ?

2 En tant que moniteur-éducateur, êtes-vous soumis au secret professionnel dans ce contexte institutionnel ? Développez votre réponse en référence aux textes législatifs.

3 Identifiez les acteurs avec lesquels vous allez travailler dans cette situation. Quel est le cadre juridique auquel vous vous référez concernant le partage d'informations avec ces différents acteurs ?

CORRIGÉ

Introduction

Placée depuis 2 mois par le juge des enfants pour des raisons de comportement, Léa informe le ME qu'elle est victime d'attouchements. Le ME devra alerter sa hiérarchie de cette information préoccupante, conformément au texte de loi du 5 mars 2007 « réformant la protection de l'enfance ».

1 Cadre juridique

Lorsqu'un mineur est en danger, ou en risque de danger, et que la protection administrative de l'enfant n'est pas ou plus possible, le juge des enfants peut prendre des mesures d'assistance éducative, telles qu'une mesure de placement pour le mineur dans le cadre de la protection de l'enfance, sur le fondement de l'article 375 du Code civil.

« Si la santé, la sécurité ou la moralité d'un mineur non émancipé sont en danger, ou si les conditions de son éducation ou de son développement physique, affectif, intellectuel et social sont gravement compromises, des mesures d'assistance éducative peuvent être ordonnées par justice, à la requête des père et mère conjointement, ou de l'un deux, de la personne ou du service à qui l'enfant a été confié, ou du tuteur, du mineur lui-même ou du ministère public. »

Dans la situation présentée, le juge des enfants avait plusieurs possibilités : soit le maintien de l'enfant dans sa famille, en désignant alors un service chargé d'aider et de conseiller le mineur et sa mère (action éducative en milieu ouvert), soit le placement du mineur chez un tiers digne de confiance (membre de la famille) ou dans un service départemental de l'aide sociale à l'enfance (MECS ou famille d'accueil).

La loi préconise le maintien et le retour en famille, chaque fois que cette décision est possible.

Le juge fixe également dans son ordonnance la durée de la mesure prise. Lorsque l'enfant est placé, elle ne peut, en principe, excéder deux ans, sauf exception apportée par la loi du 5 mars 2007.

2 Secret professionnel

Le secret professionnel, c'est l'interdiction faite à certains professionnels de révéler ce qu'ils ont appris dans le cadre de leur profession. Cette obligation de silence porte sur les secrets confiés, mais aussi sur tout ce qui est appris ou compris.

Le secret professionnel est défini par l'article 226-13 du Code pénal : « La révélation d'une information à caractère secret par une personne qui en est dépositaire, soit par état ou par profession, soit en raison d'une fonction ou d'une mission temporaire, est punie d'un an d'emprisonnement et de 15 000 euros d'amende. »

De plus, l'article L. 221-6 du Code de l'action sociale et des familles précise que « toute personne participant aux missions du service de l'aide sociale à l'enfance est tenue au secret professionnel sous les peines et dans les conditions prévues par les articles 226-13 et 226-14 du code pénal ».

Dans le cadre de sa mission au sein de la MECS, le moniteur-éducateur est donc tenu au secret professionnel.

Cependant, « ce secret n'est pas applicable à celui qui informe les autorités judiciaires, médicales ou administratives de privations ou de sévices, y compris lorsqu'il s'agit d'atteintes sexuelles, dont il a eu connaissance et qui ont été infligées à un mineur ou à une personne qui n'est pas en mesure de se protéger, en raison de son âge ou de son incapacité physique ou psychique » (article 226-14 du Code pénal, modifié par la loi n° 2004-1 du 2 janvier 2004 relative à l'accueil, à la protection de l'enfance et à l'exemption du secret professionnel).

3 Les acteurs sollicités dans le cadre d'une information préoccupante

La situation sera abordée avec le responsable hiérarchique de la MECS, le responsable de l'ASE, le juge des enfants et la mère.
Conformément à l'article L. 226-2-1 du Code de l'action sociale et des familles : « Les personnes qui mettent en œuvre la politique de protection de l'enfance définie à l'article L. 112, ainsi que celles qui lui apportent leur concours transmettent sans délai au président du conseil général ou au responsable désigné par lui, conformément à l'article L. 226-3, toute information préoccupante sur un mineur en danger ou risquant de l'être, au sens de l'article 375 du code civil. Lorsque cette information est couverte par le secret professionnel, sa transmission est assurée dans le respect de l'article L. 226-2-2 du présent code. »
L'article L. 226-2-2 du Code de l'action sociale et des familles limite le partage d'informations à caractère secret entre professionnels qui mettent en œuvre la politique de la protection de l'enfance, ou qui lui apportent leur concours à ce qui est strictement nécessaire à l'accomplissement de la mission de protection de l'enfance. Par exception à l'article 226-13 du Code pénal, les personnes soumises au secret professionnel qui mettent en œuvre la politique de protection de l'enfance définie à l'article L. 112-3, ou qui lui apportent leur concours sont autorisées à partager entre elles des informations à caractère secret, afin d'évaluer une situation individuelle, de déterminer et de mettre en œuvre les actions de protection et d'aide dont les mineurs et leur famille peuvent bénéficier.
Le partage des informations relatives à une situation individuelle est strictement limité à ce qui est nécessaire à l'accomplissement de la mission de protection de l'enfance. Le père, la mère, ou toute autre personne exerçant l'autorité parentale, le tuteur, l'enfant en fonction de son âge et de sa maturité sont préalablement informés, selon des modalités adaptées, sauf si cette information est contraire à l'intérêt de l'enfant. (Le partage d'informations à caractère secret : article L. 226-2-2 du Code de l'action sociale et des familles [CASF].)
Donc, suite aux révélations de Léa et conformément aux articles précités, le moniteur-éducateur est dans l'obligation d'informer sa hiérarchie dans les plus courts délais qui transmettra l'information à la cellule départementale de recueil, de traitement et d'évaluation des informations préoccupantes, et ne

pourra en échanger en équipe que si cela est strictement nécessaire pour mettre en œuvre les missions de protection de l'enfance.

Après recueil, traitement et évaluation, le président du conseil général ou le responsable désigné par lui saisiront l'autorité judiciaire (juge des enfants ou le procureur de la République).

Dans le cadre de cette procédure, Léa bénéficiera de tout soutien psychologique, juridique et affectif, pour lui permettre d'être assistée en tant que victime, et pour que sa parole soit reconnue.

Conclusion

La loi du 5 mars 2007 offre un cadre juridique qui permet de recueillir les témoignages de maltraitance. L'instance (cellule de recueil, de traitement et d'évaluation des informations préoccupantes) pourra mener son investigation auprès de la mère, avant de prévenir les autorités judiciaires. Pendant la durée de la procédure, Léa devra faire l'objet d'un accompagnement psychologique et d'un soutien pour lui permettre de faire face à sa situation.

SUJET 5

Académies Amiens, Lille, Rouen, Paris, Créteil, Versailles

Moniteur-éducateur au sein d'un foyer d'hébergement accompagnant des personnes adultes en situation de handicap, présentant une déficience intellectuelle légère ou moyenne, vous êtes référent éducatif de Matthieu, 27 ans.

Tous les résidents bénéficient d'un régime de protection juridique.

À l'occasion d'une activité menuiserie, organisée par un de vos collègues pour préparer la journée « portes ouvertes » du foyer, Matthieu s'est emporté et a blessé Thomas (24 ans), à la joue.

Vous comprenez que la rixe trouve son origine dans une querelle amoureuse et que Matthieu rend fréquemment visite à Noémie, 30 ans, visites auxquelles Thomas entendait mettre fin.

Le règlement de fonctionnement du foyer précise que les chambres sont un espace individuel et intime et qu'après 22 h, les visites sont interdites.

Lors du dernier conseil de la vie sociale (CVS), Mme Durand, mère de Matthieu, en qualité de représentante des familles, s'est inquiétée des visites nocturnes relatées par son fils.

À l'occasion d'un entretien avec Matthieu, il vous informe que sa mère, sa tutrice légale, souhaite vous rencontrer, afin d'obtenir plus d'informations sur ses conditions de vie.

1 Précisez quelles sont les principales dispositions législatives organisant la vie des résidents dans le foyer.

2 Indiquez, dans cette situation, quelle application vous faites du règlement du foyer. Argumentez votre réponse.

3 Citez les droits reconnus aux résidents concernant leur vie intime.

4 Indiquez les personnes que vous devez alerter.

CORRIGÉ

Introduction

Dans la vie quotidienne, un incident entre les personnes accueillies est souvent l'expression d'un malaise. La querelle amoureuse nécessite une sérieuse mise au point entre Matthieu, Thomas et Noémie. Leur rivalité et attitudes supposent un rappel du cadre et de la loi, de la part de l'équipe, afin de garantir un « vivre ensemble ». Protéger la personne en respectant ses droits, sa dignité, sa vie privée, est désormais une obligation pour les établissements sociaux (loi 2002-2).

1 Les dispositions légales

Trois lois permettent de répondre aux besoins de personnes en situation de handicap :

- La loi du 11 février 2005, intitulée « pour l'égalité des droits et des chances, la participation et la citoyenneté des personnes handicapées », propose, avec la mise en place de la CDAPH et de la MDPH, une orientation des usagers en fonction de leurs besoins et des capacités d'accueil des différents services ou structures d'hébergement.
  Cette loi, par la mise en place d'un guichet unique, simplifie les démarches et les formalités.
- La loi du 2 janvier 2002, loi « rénovant l'action sociale et médico-sociale », a permis de structurer le fonctionnement des institutions, en mettant en lumière les droits des usagers.
  Elle énonce des outils garantissant la réalisation effective de ces droits : livret d'accueil, règlement de fonctionnement, Conseil de la vie sociale, contrat de séjour, document individuel de prise en charge, projet d'établissement ou de service, personnes qualifiées en cas de médiation ou de conflits, Charte des droits et des libertés de la personne accueillie.

La loi du 5 mars 2007, portant réforme de la protection juridique des majeurs, pour les personnes en situation de handicap bénéficiant d'une mesure de protection, a pour objectif de recentrer le régime des tutelles et des curatelles sur les personnes réellement atteintes d'une altération de leurs facultés mentales… Le juge des tutelles doit vérifier que la personne souffre d'une altération de nature à empêcher l'expression de sa volonté, et qu'aucune autre solution de protection n'est suffisante. Le juge des tutelles peut désigner un membre de la famille pour exercer la mesure de protection ou, à défaut, un tuteur professionnel appelé « mandataire judiciaire » à la protection des majeurs.

2 Le règlement de fonctionnement

En tant que moniteur-éducateur référent de la situation, garant du cadre, il vous appartient de rappeler et de faire respecter le règlement de fonctionnement.

Le règlement est un réel outil d'accompagnement, il permet une analyse objective de la situation sans jugement de valeur. C'est aussi le moyen de rappeler les devoirs des résidents et de solliciter l'avis de Noémie sur les intrusions dans sa chambre.

3 Droits reconnus aux résidents concernant leur vie intime

Ces droits sont les mêmes que ceux reconnus à toute personne. Ils sont réaffirmés dans le cadre de la loi n° 2002-2 : droit à l'intimité, droit au respect de sa vie privée, droit au respect de son intégrité physique et morale. Du point de vue contractuel, le non-respect du règlement de fonctionnement qui a été approuvé par le conseil de la vie sociale entraînera les sanctions énoncées dans le cadre du contrat de séjour.

4 Démarches

Cette situation doit faire l'objet d'une attention particulière au sein de l'institution.

L'équipe, y compris le veilleur de nuit, le chef de service, doivent être informés.

Dans le cadre des transmissions d'information entre les différents services, cette situation doit être évoquée avec les autres professionnels intéressés par ces événements, puisqu'elle a été abordée lors du dernier conseil de la vie sociale.

Concernant la demande d'information de Mme Durand, le ME (en qualité de référent) devra recueillir les avis des différents professionnels, avant de présenter à la mère le positionnement de l'institution.

Cette demande de Mme Durand, tutrice de son fils, représentante des parents au sein du CVS, pose une question éthique, au regard de ses responsabilités tutorales et de ses engagements dans l'institution.

Son interpellation doit donc être débattue dans le cadre de l'équipe pluriprofessionnelle, afin d'aborder une évolution possible du règlement de fonctionnement.

Conclusion

Mme Durand, mère de Matthieu, tutrice et membre du CVS, souhaite obtenir plus d'informations sur le projet de vie de son fils.

Par cette demande, elle réinterroge le fonctionnement de l'établissement en posant des questions éthiques sur les droits des usagers, mais aussi sur les contraintes liées à ces droits.

L'intrusion nocturne dans la chambre de Noémie, contraire au règlement de fonctionnement, peut être aussi vécue comme une forme d'agression.

L'établissement se doit de garantir la sécurité de ses résidents.

SUJET 6

Académies Amiens, Lille, Rouen, Paris, Créteil, Versailles

Mélissa, 32 ans, vient d'être accueillie au sein du centre d'hébergement et de réinsertion sociale (CHRS) « les Tilleuls », où vous travaillez en tant que moniteur-éducateur.

À l'occasion de son accueil, vous mesurez sa détresse lorsqu'elle vous expose sa situation familiale.

Mère au foyer, désireuse de rompre avec un quotidien insupportable, son ex-conjoint, Gérard, exerçant sur elle des violences physiques et psychologiques.

Elle a donc souhaité une protection de la part des services sociaux qui, en tout premier lieu, ont procédé à la mise à l'abri de l'enfant. Julia, 7 ans, se trouve aujourd'hui confiée à la maison d'enfants à caractère social « Enfance joyeuse ».

Mélissa s'effondre face à vous et vous dit son désir de rejoindre sa fille immédiatement.

1. Quelles sont les missions des CHRS et quels sont les publics susceptibles d'y être accueillis ?

2. Précisez les outils que vous allez mobiliser pour formaliser l'accueil de la résidente.

3. Concernant Julia, indiquez quels sont les textes de loi qui régissent cette situation.

4. Quelles sont les pistes d'action susceptibles d'être mises en œuvre à l'occasion de l'accueil de Mélissa ?

CORRIGÉ

Introduction

La situation de Mélissa relève de plusieurs dispositifs de politique sociale. En effet, en situation de danger face aux violences physiques et psychologiques de son ex-conjoint, Mélissa peut bénéficier, dans le cadre de la loi du 9 juillet 2010 (relative aux violences faites spécifiquement aux femmes), d'une mesure de protection décidée par le juge aux affaires familiales.

D'autre part, en tant que mère, en fonction de ses démarches et de son accord, sa fille a été confiée dans le cadre d'une mesure de protection, soit par le service de l'ASE, soit par le juge des enfants, suite à une information préoccupante. Ce placement lui autorise un droit de visite qu'il faudra mettre en œuvre avec les éducateurs de la MECS.

1 Les missions

Les CHRS ont pour missions : l'accueil, l'accompagnement, l'hébergement et l'insertion sociale des personnes en recherche d'hébergement ou de logement. Ces établissements, par une aide éducative et des activités d'insertion professionnelle, favorisent un retour à l'autonomie des personnes accueillies.

Ces dernières sont des personnes isolées ou des familles avec ou sans enfants, ayant de graves difficultés d'insertion, des difficultés économiques, de logement, professionnelles, familiales et de santé.

2 L'accueil de la résidente

Le CHRS est une structure sociale dépendant de la réglementation des établissements médico-sociaux. Il est soumis aux obligations de la loi du 2 janvier 2002 « rénovant l'action sociale ».

En ce qui concerne l'accueil de Mélissa, il lui est remis un livret d'accueil auquel sont annexés une Charte des droits et libertés de la personne accueillie, le règlement de fonctionnement, et toutes les informations sur le mode de prise en charge en CHRS.

Un contrat de séjour sera élaboré avec sa participation dès que possible. Ce contrat définira les objectifs et la nature de la prise en charge ou de l'accompagnement, dans le respect des principes déontologiques et éthiques, des recommandations de bonnes pratiques professionnelles et du projet d'établissement. Il détaille la liste et la nature des prestations offertes ainsi que leur coût prévisionnel (le contenu minimal du contrat de séjour est fixé par voie réglementaire, selon les catégories d'établissements et de personnes accueillies).

3 Situation de Julia

En fonction du type de placement :

- mesure de protection administrative, la situation de Julia relève de l'article 46 du CASF. Le placement sera réalisé par les services de l'ASE (accueil provisoire) ;
- mesure de placement judiciaire, la situation de Julia relève de l'article 375 du Code civil, d'une information préoccupante (loi du 5 mars 2007). Le placement sera prononcé par le juge des enfants (ordonnance de placement provisoire).

4 Les pistes d'action

La demande de la mère de revoir sa fille nécessite de clarifier la situation de Mélissa.

En fonction des motifs à l'origine de l'intervention des services sociaux – situation de danger pour Julia, femme victime de violences conjugales pour Mélissa – le juge des affaires familiales pourra définir des modalités de l'exercice de l'autorité parentale et de la contribution imposée au père concernant l'entretien et l'éducation de Julia.

Le JAF pourra aussi se prononcer sur l'aide juridictionnelle pour permettre à Mélissa de faire valoir ses droits.

Un accompagnement d'ordre juridique et psychologique apparaît nécessaire avant d'envisager une recherche de logement ou d'activité professionnelle.

Conclusion

La complexité de la situation de Mélissa nécessite une bonne connaissance des dispositifs administratifs et juridiques.

La demande de Mélissa révèle à la fois un besoin d'information et de soutien psychologique. La réponse à cette demande ne pourra être entendue que si le ME maîtrise bien les enjeux de la situation, et s'il est capable d'une écoute bienveillante en alliance avec un adulte en grand désarroi, une mère inquiète au sujet de sa fille.

SUJET 7

Académies Aix-Marseille, Corse, Montpellier, Nice

Vous êtes salarié(e) en maison d'enfants à caractère social depuis 2 ans. Dès votre arrivée, vous êtes désigné (e) référent du jeune Lucas, aujourd'hui âgé de 10 ans. Ce dernier, accueilli provisoirement, est scolarisé en classe de CM2 dans l'école du village où est implantée la MECS.

En perspective de sa future entrée en 6e, son instituteur demande à vous rencontrer.

L'attitude de Lucas en classe l'inquiète quelque peu, tant du point de vue de son comportement que de ses résultats scolaires. Il souhaite en savoir davantage sur la situation de ce jeune garçon, afin d'envisager, avec ses responsables, une éventuelle orientation en section d'enseignement général et professionnel adapté (SEGPA).

Consignes

Le candidat devra structurer son travail en proposant une introduction, le traitement de chaque consigne et une conclusion.

1 Présentez votre lieu d'intervention, ses missions, son cadre juridique.

2 Développez et argumentez votre positionnement face à la demande de cet instituteur.

CORRIGÉ

Introduction

Référent depuis 2 ans du jeune Lucas, le ME a une bonne connaissance de sa situation. La participation de ce professionnel aux bilans ou synthèses lui a permis de bien cerner la problématique du jeune, les objectifs du projet individualisé et la place occupée par la famille.

Dans ce contexte, la rencontre avec l'enseignant devra être préparée et organisée en fonction du cadre légal, des objectifs scolaires du projet individualisé, et de l'intérêt de l'enfant.

1 Présentation de la MECS

Les MECS accueillent, pour des séjours de durée variable, les enfants et les adolescents (jusqu'à 21 ans avec un contrat de jeune majeur), dont les familles se trouvent en difficultés momentanées ou durables, et ne peuvent, seules ou avec le recours de proches, assumer la charge et l'éducation de leurs enfants.

Les MECS sont soit des structures privées gérées par des associations (loi 1901), soit des établissements publics. Ces établissements relèvent de la compétence du conseil général qui délivre une habilitation pour recevoir des enfants relevant de l'ASE, et assurent leur financement sous forme d'un prix de journée établi en fonction du type d'accueil (internat, semi-internat, accueil séquentiel).

Certaines MECS possèdent également une habilitation justice (protection judiciaire de la jeunesse), pour accueillir les enfants confiés directement par l'autorité judiciaire.

Lorsqu'elles existent, le contrôle pédagogique des classes primaires internes dans les MECS est assuré par l'Éducation nationale.

Les missions des MECS

Les missions des MECS consistent à accueillir des enfants confiés à l'ASE dans le cadre de la protection administrative ou judiciaire, à aider l'enfant à se reconstruire psychologiquement tout en veillant au maintien des liens avec sa famille. Famille invitée à prendre une part active à la prise en charge. Les MECS proposent un cadre de vie structurant en donnant à l'enfant des repères, en le considérant comme sujet, en l'encourageant dans ses capacités, et en l'incitant à prendre des responsabilités ou à s'engager dans des activités collectives. « La MECS se doit d'offrir à un enfant une prise en charge et un accompagnement individualisé de qualité, favorisant son développement, son autonomie et son insertion, adaptés à son âge, ses besoins, respectant son consentement éclairé », article 311-3, CASF.

Cadre juridique

- **Code de l'action sociale et des familles :**
  Article L221-1 relatif aux missions du service de l'aide sociale à l'enfance
  Article L222-5 relatif à l'entretien et à l'hébergement des mineurs, des mères isolées avec leurs enfants et des majeurs de moins de 21 ans
  Article L223-2 relatif à l'exercice de l'autorité parentale
  Article L223-5 relatif à la durée de l'accueil provisoire
  Article L228-1 et L228-2 relatif aux contributions financières en cas de prise en charge par le service de l'aide sociale à l'enfance
  Articles L311-3 7° et L311-4 relatifs aux droits des usagers du secteur social et médico-social (loi du 02/01/2002)
- **Code civil : article 375 et suivants (mesures de protection judiciaire).**
- **Loi du 5 mars 2007 réformant la protection de l'enfance.**
- **Décret du 5 mars 2003 (habilitation justice des MECS).**
- **Ordonnance du 2 février 1945 relative à l'enfance délinquante.**

2 La demande de l'enseignant

En principe, dans le cadre de cet accueil provisoire, les parents de Lucas assument toujours leur autorité parentale. Autorité parentale qui est un ensemble de droits et de devoirs ayant pour finalité l'intérêt de l'enfant. Les parents doivent associer l'enfant aux décisions qui le concernent, selon son âge et son degré de maturité (article 371-1 du Code civil).

Lorsque l'enfant est placé, l'autorité parentale peut être déléguée à un organisme d'aide à l'enfance. Cette délégation peut avoir lieu sur l'initiative des parents, mais aussi d'office en cas de désintérêt manifeste, ou si les parents sont dans l'incapacité d'exercer leurs devoirs à l'égard des enfants.

Cette délégation n'entraîne pas une déchéance de l'autorité parentale. « Les père et mère de l'enfant bénéficiant d'une mesure d'assistance éducative,

continuent à exercer tous les attributs de l'autorité parentale qui ne sont pas inconciliables avec cette mesure » (article 375-7 du Code civil).
Ainsi, sauf disposition contraire au contrat d'accueil provisoire, les parents de Lucas doivent être impérativement associés à la décision d'orientation scolaire de leur fils.

Concernant Lucas et son orientation en SEGPA

Au collège, les sections d'enseignement général et professionnel adapté (SEGPA) accueillent des élèves présentant des difficultés d'apprentissage graves et durables. Ils ne maîtrisent pas toutes les connaissances et compétences attendues à la fin de l'école primaire, en particulier au regard des éléments du socle commun.
Les élèves suivent des enseignements adaptés qui leur permettent à la fois d'acquérir les connaissances et les compétences du socle commun, de construire progressivement leur projet de formation et de préparer l'accès à une formation diplomante.
Les élèves sont admis en SEGPA sur décision de l'inspecteur d'académie, après accord des parents ou du représentant légal, et avis de la commission départementale.
La commission départementale est composée du médecin conseiller technique départemental, de membres de corps d'inspection, de personnels de direction, d'enseignants, de représentants de parents d'élèves... (circulaire n° 2006-139, parue au *BO* du 29/08/2006).

Positionnement du ME

Le ME, comme toute personne participant aux missions du service de l'ASE, est tenu au secret professionnel dans les conditions prévues par les articles 226-13-14 du Code pénal. Il devra donc veiller aux informations qu'il communiquera intentionnellement à l'instituteur de Lucas. La loi a posé un cadre au secret partagé. « Il convient dans cette hypothèse de ne transmettre que les éléments nécessaires, de s'assurer que l'usager concerné est d'accord pour cette transmission ou, tout au moins, qu'il en a été informé. »
Au moins trois conditions doivent être réunies pour pouvoir partager des informations avec d'autres professionnels.
Ainsi il faut que les professionnels poursuivent le même but, que le partage de l'information soit limité aux éléments strictement nécessaires pour atteindre ce but, que l'intéressé ait été averti et soit d'accord pour que sa situation soit évoquée.
Dans sa rencontre avec l'enseignant, le ME ne pourra pas évoquer des informations sur la situation du jeune Lucas, sans l'accord de ses parents, en dehors des éléments déjà connus.

Conclusion

Sollicité par l'enseignant pour mieux définir l'orientation scolaire du jeune Lucas, le ME référent de la situation ne pourra, au cours de l'entretien, évoquer que des éléments liés à la scolarité, et devra proposer une nouvelle rencontre avec les parents qui, eux seuls, sont habilités à décider de l'avenir de leur enfant.

SUJET 8

Académies Aix-Marseille, Corse, Montpellier, Nice

Vous êtes employé (e) comme moniteur-éducateur dans une MECS. Vous effectuez votre travail sur un groupe mixte de 8 enfants âgés de 8 à 13 ans, tous scolarisés. Vous intervenez particulièrement dans les moments de vie quotidienne. Dans ce groupe, vous êtes le référent de Jean.

Jusqu'à l'année dernière, Jean, 9 ans, dernier de sa fratrie, vivait au domicile avec sa mère et ses 5 frères. Suite à un constat dit de « carence éducative » fait par les services sociaux de l'ASE, dans le cadre de la loi du 5 mars 2007 réformant la protection de l'enfance, il a été placé sur décision administrative à la MECS, dans laquelle il réside toute la semaine, avec retour au domicile tous les week-ends et durant les vacances scolaires. Aujourd'hui, sa situation vous préoccupe. Alors qu'il travaillait correctement à l'école, depuis quelques jours, il semble lâcher prise, aux dires de son instituteur, et vous constatez qu'il ne réalise plus ses devoirs, le soir.

Il se désintéresse, par ailleurs, de ses investissements habituels. Même la télévision ne le motive plus.

Hier soir, vous avez constaté, au cours de la toilette, 2 hématomes au thorax, qu'il a essayé de cacher.

Il parle, avec gêne, d'une chute à l'école.

Comment traitez-vous cette situation ?

Consignes

Votre écrit devra comporter une introduction dans laquelle vous reformulez la problématique de cette situation.

Puis, vous indiquerez :

– les diverses institutions et services partenaires dans cette situation ;

– le cadre législatif en vigueur dans cette situation.

En conclusion, vous indiquerez comment vous entendez traiter la situation en tant que moniteur-éducateur.

CORRIGÉ

Introduction

Par son attitude inhabituelle de désintérêt et de repli, Jean exprime un certain mal-être. Des hématomes inquiétants vous incitent à mener plus loin des investigations, afin d'appréhender le lien possible entre son attitude et les marques sur son corps.

Présentation de la MECS, de l'ASE et des partenaires

La maison d'enfants à caractère social est un établissement régi par la loi du 2 janvier 2002, accueillant des mineurs, soit au titre de la protection de l'enfance (loi du 5 mars 2007 réformant la protection de l'enfance, CASF), soit au titre de la protection judiciaire de l'enfant (article 375 du Code civil), ou encore au titre de la prévention de la délinquance (ordonnance de 1945).

L'équipe pluridisciplinaire de l'établissement a pour mission d'amener l'enfant à se reconstruire psychologiquement, à maintenir des liens avec le milieu d'origine et la famille en lui proposant un cadre de vie rassurant et structurant, en lui donnant des repères.

Il s'agit de le situer comme « sujet » en l'encourageant, en le responsabilisant et en l'aidant à prendre conscience de ses actes.

La famille est invitée à prendre une part active dans la prise en charge de son enfant.

L'aide sociale à l'enfance

L'ASE est un service du département.

Le conseil général est chargé de la mise en œuvre de la protection de l'enfance dans le cadre du Code de l'aide sociale et des familles.

Encadrées par des travailleurs sociaux, les actions relèvent de la prévention, de la protection et de la lutte contre la maltraitance.

Les partenaires dans la situation

- L'école de l'Éducation nationale (l'équipe pédagogique, le psychologue et l'assistant de service social scolaire).
- Le médecin ou l'infirmière en lien avec la MECS.

Le cadre législatif en vigueur dans cette situation

Le cadre est défini par la loi du 5 mars 2007 « réformant la protection de l'enfance » (code CASF). Cette loi comporte un certain nombre d'interventions, afin d'assurer une prise en charge globale du mineur, lorsque les besoins fondamentaux d'un enfant ne sont plus garantis par les parents.

Les axes principaux de cette loi sont les suivants :

– donner une dimension prioritaire à la prévention ;

– privilégier l'intérêt de l'enfant en danger ;
– instaurer une cellule opérationnelle départementale de recueil des informations préoccupantes sous l'autorité du président du conseil général (cellule de recueil, de traitement et d'évaluation des informations préoccupantes) ;
– création d'un numéro vert, n° 119, communément appelé « Allô enfance en danger ».

Traitement de la situation

Jean a été placé dans le cadre d'une intervention administrative, avec l'accord de ses parents, en raison de carences éducatives (problèmes de repères ou de cadre, de limites, problèmes d'acquisition ou d'immaturité, problèmes de socialisation).

Deux dimensions du travail éducatif s'imposent :

- **La dimension de protection :** le moniteur-éducateur devra transmettre cette information préoccupante au supérieur hiérarchique, qui va enclencher une procédure auprès de la cellule départementale de recueil, de traitement et d'évaluation. Les services de l'ASE seront sollicités, afin de déterminer si l'origine des coups peut provenir de la famille. L'enseignant de l'école sera aussi interrogé. Une visite médicale, ordonnée par la MECS, sera nécessaire.
- **La dimension éducative :** le moniteur-éducateur devra être au plus près de cet enfant, rester très présent et attentif dans les moments de la vie quotidienne, proposer des activités pour l'aider à retrouver une certaine estime de soi.
Cet accompagnement se fera dans le cadre d'un travail d'équipe (équipe informée et mobilisée en fonction de la spécificité de chacun de ses membres : maîtresse de maison, éducateurs, psychologue, infirmière, chef de service…).

Conclusion

La situation de Jean est préoccupante, elle nécessite une intervention rapide afin de déterminer si un lien existe entre les deux constats (attitude et coups). En fonction des conclusions de la cellule opérationnelle de recueil, de traitement et d'évaluation des informations préoccupantes, le président du conseil général pourra saisir le procureur. Dans l'intérêt de l'enfant, l'équipe, par le biais du référent et du chef de service, pourra aussi solliciter le juge des enfants pour une intervention (OPP), au titre de l'article 375 du Code civil.

VII Réaliser l'épreuve de certification en cours de formation

1 Le référentiel de certification

Intitulé de l'épreuve	Type d'épreuve	Cadre et lieu de l'épreuve
Composition sur le cadre institutionnel et la position du ME	Évaluation d'un écrit sur le repérage du cadre institutionnel et la position du ME par rapport aux missions de l'institution à partir d'une expérience de terrain (stage ou exercice professionnel)	**Évaluation organisée en cours de formation** Coefficient 1

Objectif de l'épreuve	Compétences repérées	Modalités de l'épreuve	Interrogateurs ou correcteurs
Épreuve en cours de formation : vérifier les capacités du candidat à se déterminer et à se positionner de façon argumentée dans les dynamiques institutionnelles	Situer son action dans le cadre des missions de l'institution et son projet	Épreuve organisée par l'établissement de formation en fonction de son projet pédagogique	Correcteurs n'ayant pas de lien avec le candidat notamment durant sa formation théorique ou pratique

2 Conseils et méthodologie pour préparer « l'écrit sur le cadre institutionnel et la position du ME »

a. Modalités de l'écrit

L'épreuve est réalisée en cours de formation.
Chaque centre de formation a défini, en fonction de sa déclaration préalable (rubrique protocole de certification) et de son projet pédagogique, les modalités de l'épreuve écrite.
En général, les établissements de formation ont demandé au candidat de produire un dossier portant sur la connaissance du cadre institutionnel et sur le positionnement du ME à partir d'un des stages ou de leur exercice professionnel pour les personnes en situation d'emploi ou d'apprentissage.
Ce document vise à vérifier les capacités du stagiaire à se déterminer dans les dynamiques institutionnelles, à identifier la position du ME en fonction des missions et du projet pédagogique, et enfin à assurer une fonction de veille professionnelle.

b. Plan du dossier

- 1. Introduction

Présentation de la structure, du lieu de stage

- 2. Organigramme

Les tutelles, les agréments, les partenaires

- 3. Rôle du moniteur-éducateur au sein de la structure
- 4. Positionnement du stagiaire ME dans les dynamiques institutionnelles

(Situer les actions réalisées au cours du stage ou exercice professionnel dans le cadre des missions et du projet de l'institution)

- 5. Les évolutions du secteur ou des problèmes sociaux abordés
- 6. Conclusion

Capitalisation des expériences, actualisation des connaissances, notion de veille professionnelle.

Annexes, bibliographies et titres des textes de référence.

c. Les modalités de la notation

Le document fait l'objet d'une évaluation et d'une proposition de note sur 20 points. Pour cette épreuve, les correcteurs (formateurs et professionnels) n'ont en principe aucun lien avec le candidat notamment durant sa formation théorique ou pratique, afin de garantir l'égalité de traitement.

d. Critères d'évaluation du document écrit

Compétences	Indicateurs de compétences
Situer son action dans le cadre des missions et de son projet Veille professionnelle	– Connaître le cadre juridique, les missions – Savoir identifier le projet associatif ou constitutionnel – Savoir identifier les acteurs (rôle, fonction, statut) – Savoir se situer et situer son action – Savoir prendre en compte l'évolution du champ professionnel ou des problématiques sociales abordées

e. Motivation des notes attribuées

Toute note fait l'objet d'un argumentaire référencé aux indicateurs de compétences. La proposition de note est remise par le centre de formation au rectorat.

VIII Rappels méthodologiques

1 Présentation des dispositifs éducatifs en fonction des compétences, des textes, des acteurs et des besoins des enfants

Organigramme des différentes formes de prise en charge de l'enfant dans notre système juridique, social et éducatif en 2011

Ministère de la Justice	**Ministère de la Santé et de la Protection sociale**		**Ministère de l'Éducation nationale**
Tribunal pour enfants	Département Conseil général	DDCS[1] ARS[2]	Inspection académique
Juge des enfants	Directeur (Enfance, Famille)	Directeur	Inspecteur départemental spécialisé
–		–	–
Code pénal Ordonnance du 02.02.45 loi du 09.02.02 / Code civil loi 4.06.70 (art. 375)	ASE / PMI	Action sanitaire Santé mentale	Santé scolaire
	Loi du 6 juin 1984 (Code CASF) Loi du 5 mars 2007 (Code CASF)	Loi d'égalité des droits et des chances, 11 février 2005 MDPH	
Les mesures judiciaires	**Les mesures administratives** (à titre préventif)	**Commission des droits et de l'autonomie des personnes handicapées** (CDAPH)	
Placements en établissements ou services		(Code CASF)	
Établissements ou services de la PJJ	**Établissements ou services publics ou privés** Loi 2.01.2002	**Établissements,** Annexe 24 Loi du 2.01.2002	
COAE ; ISES ; établissement de la PJJ ; CEF ; EPM	AEMO – AED ; club et équipe de prévention ; foyer de semi-liberté ; foyer de jeunes travailleurs ; MECS ; structure d'accueil non traditionnelle ; famille d'accueil ; CER	SESSAD ; CLIS – UPI – SEGPA ; EES ; IMC ; IME ; CMPP ; hôpitaux de jours ; ITEP ; EREA	
Statuts des enfants Enfance délinquante Enfance sous protection Enfance sous surveillance (liberté surveillée)	**Statuts des enfants** Accueil provisoire Enfants sous protection (OPP)	**Handicaps des enfants** Handicap mental – déficient intellectuel Handicap physique – déficient moteur Handicap sensoriel – déficient auditif – déficient visuel Polyhandicap Troubles du comportement	

1. Direction départementale de la cohésion sociale (2010).
2. Agence régionale de santé (2009).

2 Présentation des dispositifs de politique sociale en fonction des compétences, des textes, des acteurs et des besoins des personnes adultes en situation de handicap ou d'inadaptation sociale

Organigramme des différentes formes de prise en charge des adultes dans notre système social en 2011

<table>
<tr><th>Commune</th><th>Département</th><th>Ministère de la Santé</th><th>Ministère du Travail
et des Relations sociales
et de la Solidarité</th></tr>
<tr><td>CCAS</td><td>Direction de l'enfance
et de la famille</td><td>DDCS
ARS</td><td>DDTE</td></tr>
<tr><td></td><td colspan="3">Personnes handicapées</td></tr>
<tr><td></td><td colspan="3">MDPH
Commission des droits et de l'autonomie des personnes handicapées
CDAPH
Loi du 11 février 2005</td></tr>
<tr><td>Action sociale</td><td>Structures d'hébergement ou
services d'accompagnement
Loi 2002 – 2 janvier
CASF
Aide sociale</td><td>2 janvier Loi 2002 (CASF)
ESAT
SAJ – AHH
MAS
Aide sociale</td><td>Atelier protégé (Code du travail)</td></tr>
<tr><td colspan="4">Personnes inadaptées sociales</td></tr>
<tr><td>Action
humanitaire
+
politique sociale</td><td colspan="2">RMI (1989)
RMA (2003) RSA (2008)
Lois contre les exclusions (1998)
Lois 2002 – 2 janvier
CHRS
Association insertion</td><td>Entreprise intermédiaire
ou d'insertion</td></tr>
</table>

Commentaires :

DDCS : depuis le 1er janvier 2010, la DDCS assure au niveau départemental la mise en œuvre des orientations politiques concernant la santé (ex. DDASS), la jeunesse et les sports (ex. DDJS), le droit des femmes et l'égalité, la vie associative, la politique du logement et la politique de la ville.

ARS : créées dans le cadre des lois HPST[1] du 21 juillet 2009, les ARS remplacent les ARH et se substituent aux services DDASS et DRASS. Elles gèrent désormais tous les dossiers sanitaires (santé publique, le médico-social) et elles remplacent certains organismes de Sécurité sociale (CRAM).

1. Hôpital, patients, santé et territoire.

IX Vignette pédagogique DC4

Établir une relation professionnelle avec les partenaires

a. Les liens avec l'environnement extérieur d'un enfant accueilli en institution spécialisée

Dans leurs interventions, les éducateurs sont attentifs à entretenir un rapport constant avec les différents partenaires, sociaux, médicaux, scolaires, éducatifs, préoccupés, ou simplement occupés, par le devenir du jeune garçon, de la jeune fille. Un tissu de relations autour d'un projet cohérent constitue un soutien précieux pour la famille, le temps nécessaire à la préparation de l'avenir : retour à plein temps en famille, ou orientation vers d'autres lieux d'accueil spécialisés.

b. Le partenariat

Bien des partenaires médico-sociaux concernés par l'évolution de l'enfant figurent dans le champ d'action des éducateurs, tels que les assistantes sociales de secteur, les CMP, CMPP, AEMO, SESSAD, CLISS, TISF, les RASED – ou plutôt ce qu'il en reste – AS scolaires, psychologues scolaires).
Les liens avec ces différents services occupent une place centrale dans notre accompagnement des enfants, car ils se proposent d'assurer une cohérence et une continuité autour du projet éducatif, de clarifier auprès des familles les rôles et niveaux d'intervention de chacun.

c. L'école

Il va de soi que la responsabilité de la scolarité incombe aux parents, même si pour beaucoup, ce domaine est synonyme de reproches, d'échec, de souffrance, d'inquiétude ou d'énervement récurrent.
Les difficultés rencontrées par l'enfant dans sa scolarité altèrent notoirement la vie familiale et les relations parents-enfants.
Il devient alors nécessaire de décrisper la situation, d'accompagner les pères et mères dans leur contact – ou non – avec les enseignants, de travailler sur leur propre relation à l'apprentissage ou leur représentation de l'école.
Qu'il s'agisse de mettre de la distance entre des parents excédés et l'enfant rétif, ou au contraire de les re-lier à son histoire scolaire, l'éducateur se situe en médiateur entre l'élève et son travail, entre l'école et la famille, l'enfant et ses parents.
Cette attitude éducative se révèle essentielle pour restaurer les liens, trouver le goût et le plaisir d'apprendre, défier certaines prétendues lois de l'échec à répétition.

d. Le lien avec l'environnement social de l'enfant

Dans son environnement, dans sa vie sociale, l'enfant fréquente parfois, selon son propre désir ou à l'incitation des adultes, des lieux de sport, de culture ou d'animation. Il y rencontre nombres d'encadrants attentifs.
Si – et seulement si – cela semble bénéfique à l'enfant, les éducateurs se mettent alors en relation avec ces personnes importantes dans la construction du jeune accueilli.
Ils peuvent également avoir recours à d'autres structures, telles que le centre du planning familial avec les adolescents, l'école des parents, le dispositif de réussite éducative…
Il s'agit à chaque fois de développer des actions complémentaires dans l'univers naturel de l'enfant et de préparer des relais pour une réelle intégration sociale et culturelle.

Le cahier méthodologique

FICHE 1

Le projet de stage (DC2)

Introduction

Choix de stage : diversité des publics, épreuve de certification.

1) L'établissement

Présentez en quelques lignes : l'établissement, la population accueillie le groupe, l'équipe…

2) Projet pédagogique

Présentez le projet pédagogique

Présentez la place du stagiaire dans l'équipe ou l'établissement : rôle d'observateur, stagiaire en « doublure », rôle plus actif susceptible d'évoluer.

3) Projet de stage

Objectifs d'apprentissage et moyens : précisez comment vous allez vous inscrire dans la mise en œuvre du projet éducatif. Les supports ou techniques utilisés dans le cadre de la vie quotidienne, en précisant comment ils s'inscrivent dans vos objectifs de formation.

4) Retour de l'équipe ou du formateur de terrain sur le projet de stage (présentation des critères d'évaluation)

FICHE 2

Analyse de situation (DC2)

Introduction : description du contexte, présentation « des acteurs » ou des protagonistes.

Étude de situation

TRAVAIL PERSONNEL | TRAVAIL EN ÉQUIPE

TRAVAIL DESCRIPTIF	TRAVAIL D'ANALYSE	TRAVAIL D'ANALYSE
Description des faits en respectant la chronologie des événements et en essayant d'être le plus objectif possible	Votre propre compréhension des faits ou comment vous expliquez vos réactions et celles des autres personnes	Le retour de la part d'un ou des membres de votre équipe après votre présentation de l'événement

Conclusion à partir d'une synthèse des trois colonnes
Vous ferez porter votre propos sur les points suivants : quels enseignements tirez-vous de cette expérience ? Comment voyez-vous aujourd'hui cette situation ?

FICHE 3

Étude de cas (plan) (DC2)

Introduction : présentation de la personne choisie

I. Approche historique de la personne

Étude du dossier pour une meilleure compréhension de la prise en charge éducative actuelle.

II. Le placement

Description de la procédure d'orientation et présentation des objectifs visés.

III. La prise en charge

Présentation du projet pédagogique individualisé.

IV. Votre action auprès de cette personne

Analyse et évaluation de vos interventions auprès de la personne dans le cadre de vos activités et de la vie quotidienne.

Conclusion

Regard critique et perspective.

Étude de cas (commentaires)

Introduction

Vous devez, en introduction, préciser pourquoi vous avez choisi cette personne et dans quel contexte.

I. Approche historique de la personne

L'étude du dossier permet d'apporter des éléments chronologiques sur l'histoire familiale, sociale, culturelle, scolaire, médicale, et sur les différentes interventions déjà entreprises.

Cet exercice de lecture demande beaucoup de prudence. Vous avez soit trop d'écrits (rapports sur le comportement, synthèses, étude de cas…), soit aucun ! Vous devez donc accompagner ce travail de recherche d'une démarche plus qualitative d'entretiens ou d'interviews auprès des différents acteurs (éducateurs, directeurs, psychologues, médecins…), tout en respectant certaines règles de déontologie.

II. Le placement

Pour expliquer le sens cette décision sociale, médicale ou éducative, vous devez nous indiquer :

- qui a décidé du placement ;
- comment il s'est effectué ;
- pourquoi cette personne a été placée (motifs, projet, objectifs, besoins) ;
- problématique de la personne.

III. La prise en charge (les moyens mis en œuvre pour mener à bien le projet éducatif)

Vous devez nous présenter la personne dans son placement, c'est-à-dire la place qu'elle occupe dans le groupe de vie, ses attitudes face à la scolarité, ses relations avec les adultes, les spécialistes ou avec sa famille, etc.

Votre propos devrait faire ressortir le travail éducatif réalisé par une équipe pluridisciplinaire et la pertinence des interventions en fonction de la problématique de la personne.

IV. Votre action auprès de cette personne

D'une façon concrète, vous devez exposer votre action en nous indiquant comment vous avez abordé les problèmes de cette personne, et les difficultés que vous avez rencontrées. Cette présentation de votre travail devrait s'accompagner d'une réflexion sur l'adéquation projet-moyens-objectifs, évaluation.

Conclusion

Ce travail théorique ainsi élaboré devrait vous permettre, en guise de conclusion :
– de porter un regard critique sur le projet pédagogique individualisé, sur le travail avec les familles et avec les partenaires ;
– de formuler des hypothèses de travail et des propositions à plus long terme ;
– de vous interroger sur votre implication et votre pratique.

Problématique de stage (DC1)

Une démarche en trois étapes :

– Le questionnement : dans le cadre d'une réalité professionnelle (stage 2 ou lieu de travail), il s'agit de partir d'une situation qui « pose problème », d'un événement qui interpelle…
– L'étayage du questionnement : il s'appuie sur des apports théoriques, des connaissances, afin d'aller vers une meilleure compréhension de la situation.
– Les propositions de réponses aux problèmes posés, suite à l'approche théorique.

Proposition de plan :

Introduction

Exposer le problème rencontré en motivant ce qui vous a amené à faire ce choix.

Développement

1re partie

Préciser la problématique en vous appuyant sur des observations, des constats, et sur votre réflexion.
Présenter cette problématique dans ses différentes composantes, en donnant des éléments sur le cadre, le contexte, les circonstances, les acteurs.

2e partie

Étayer ce questionnement à partir d'une recherche théorique (cours de médecine, sociologie, psychologie, pédagogie, histoire, économie, droit, etc.) et de connaissances diverses (lectures, apports sur le terrain).
Choisir les références théoriques, en lien avec le sujet, auprès d'auteurs pertinents (citez toujours vos références).
Donner des éléments de réflexion personnelle en articulant les différents savoirs, en confrontant vos idées dans une approche pluridisciplinaire.

3e partie

À partir d'un essai de compréhension, faites des propositions ou des hypothèses de réponses aux problèmes posés, dégagez des réponses plus adéquates, voire évoquez des modifications possibles dans les interventions.

FICHE 4

Conclusion

Quels bénéfices tirez-vous de ce travail de réflexion ?
En quoi ce travail a-t-il facilité un accompagnement éducatif spécialisé (« instaurer une relation avec l'usager, aider au développement de son identité, de ses capacités, assurer une fonction de repère et d'étayage auprès de lui dans le cadre d'une démarche éthique »).
En quoi a-t-il permis de questionner votre pratique ?

FICHE 5

Écrit stage (DC2)
Mise en œuvre du projet éducatif

« Un écrit pour chaque stage rendant compte de votre participation à la mise en œuvre du projet éducatif » (5 pages)
Pour rédiger cet écrit, nous vous proposons un plan en 4 parties :

1) Présentation administrative de l'institution

2) Présentation du projet pédagogique
Problématiques présentées par les personnes accueillies
Méthode d'observation et de prise en charge mises en œuvre par les équipes pluridisciplinaires
Rôle du ME dans cette institution

3) Présentation de votre participation à la mise en œuvre du projet éducatif
Dans votre expérience de stage, choisissez une ou deux situations où vous avez eu à participer à la mise en œuvre du projet éducatif.
Présentez et décrivez comment ont été évalués la situation et les besoins de cette personne et de quelle manière vous avez inscrit votre accompagnement dans le cadre du projet éducatif (problèmes rencontrés, attitudes éducatives adoptées, techniques utilisées, supports), comment vous avez pris en compte cette personne aidée au sein de son environnement (interne et externe à l'institution).

4) Évaluation et conclusion :
– en fonction de vos objectifs d'apprentissage, des problèmes rencontrés et des supports utilisés ;
– en fonction de votre cheminement professionnel, des apports de ce temps de formation (articulation théorie-pratique).

Note de réflexion (DC1)
Note de réflexion sur l'accompagnement social et éducatif spécialisé de personnes ou de groupes

– Document écrit d'une quinzaine de pages où le candidat témoignera de l'expérience acquise lors de l'un ou de l'ensemble des stages.
– Les compétences visées à travers ce document portent sur les capacités à instaurer une relation, à aider à la construction de l'identité et au développement des capacités, à assurer une fonction de repère et d'étayage dans une démarche éthique.
– À partir d'une expérience éducative (en évitant une trop grande spécialisation), le candidat nous indiquera comment il a su prendre en compte la situation d'une personne, repérer et mobiliser sa potentialité, favoriser l'apprentissage des règles de vie collective, et comment le candidat a su se positionner auprès de la personne aidée en tant qu'adulte de référence.
– Cette note de réflexion doit permettre de mettre en évidence, à travers l'expérience relatée, la connaissance d'une population et d'une structure, l'implication du candidat dans une pratique éducative et ses capacités à expliciter et à analyser des situations éducatives.

Proposition de plan :

Introduction

Indiquer les raisons qui ont motivé le choix du sujet en le situant dans le contexte de votre expérience professionnelle.

I. Approche théorique

Apporter des éléments théoriques nécessaires à la compréhension de votre sujet, en vous appuyant sur le travail réalisé dans le cadre de la « problématique de stage » et sur l'appropriation d'éléments théoriques en lien avec votre pratique.

II. Le contexte institutionnel

Le thème étayé sur le plan théorique sera intégré dans un contexte institutionnel.

III. L'expérience relatée et la réflexion

L'approche théorique présentée doit servir à analyser et à comprendre les situations éducatives évoquées, permettant ainsi un travail de réflexion personnelle. Décrivez les actions que vous avez menées à travers des études de cas, des actions collectives, afin de nous faire partager votre investissement professionnel, votre capacité à utiliser les «matériaux » théoriques, votre réflexion. L'objectif est de valider les compétences visées sur l'accompagnement éducatif spécialisé.

FICHE 6

Conclusion

Terminez ce document par une mise en relief de vos acquis, de vos nouvelles interrogations, des nouvelles perspectives induites par ce travail de réflexion et les prolongements possibles.

Bibliographie

FICHE 7

Guide pour évaluer les capacités d'animation du candidat (DC1)

L'activité et la vie quotidienne

Épreuve de certification organisée sur un lieu de stage

L'épreuve est l'aboutissement du travail mené par le stagiaire sous la guidance de son référent professionnel, tout au long de son stage.

Modalités

Un oral d'une durée d'une heure maximum, organisé en fin de stage.

Le jury est composé de deux professionnels, le référent professionnel du stagiaire et un responsable hiérarchique.

Un compte rendu formalisé écrit en 2 parties (une première sur la vie quotidienne et une deuxième sur l'activité particulière menée au cours du stage) doit être remis au jury avant l'oral.

Entretien :

Vie quotidienne

Le stagiaire rend compte de son observation, de sa compréhension, de son implication dans les actes de la vie quotidienne.

Repérage de son rôle auprès du public accompagné, des problématiques rencontrées dans le quotidien.

Les exemples seront évoqués à l'oral, ainsi que les enseignements tirés de cette expérience.

L'activité

Le stagiaire rend compte d'une activité particulière, quotidienne ou non, conçue ou appropriée, conduite de manière autonome durant le stage.

Il s'agit là, pour le stagiaire, de montrer sa capacité :

– à concevoir une activité pertinente en regard des besoins repérés, des objectifs éducatifs définis dans les différents projets, et des moyens mis en œuvre ;

– à conduire et encadrer cette activité, à proposer un compte rendu du déroulement de l'activité ;

– à évaluer et réajuster son action ;

– à tirer des enseignements pour l'exercice professionnel.

Guide pour évaluer les capacités du candidat à travailler en équipe pluri-professionnelle (DC3)

Épreuve de certification organisée sur un lieu de stage

L'épreuve est l'aboutissement du travail mené par le stagiaire sous la guidance de son référent professionnel, tout au long de son stage.

Modalités

Un oral d'une durée d'une heure maximum, organisé en fin de stage.

Le jury est composé de deux professionnels, le référent professionnel du stagiaire et un responsable hiérarchique.

Après une présentation synthétique d'une quinzaine de minutes de son implication et inscription dans le travail d'équipe, le stagiaire répond aux questions du jury pendant le reste du temps.

Entretien

L'exposé doit faire apparaître :

– les capacités du stagiaire à communiquer et à échanger : la présentation d'un écrit professionnel réalisé au cours du stage est un bon support. Ce document transmet des informations, tout en tenant compte des avis des différents acteurs ;

– la capacité du stagiaire à participer à la mise en œuvre d'actions éducatives : par la présentation d'une situation rencontrée au cours du stage, le stagiaire pourra montrer comment il a su coopérer avec les autres professionnels, adapter son action, maintenir une continuité dans la prise en charge, faire appel à un tiers ou assurer un relais ;

– la capacité à se situer au sein d'une équipe : la connaissance de l'équipe, du rôle ou de la spécificité de chaque membre, devrait permettre au stagiaire de se situer en lien avec les autres, d'aborder la notion d'appartenance, l'articulation entre rôle-statut-fonction, d'appréhender la dynamique de l'équipe, à partir de la notion du leadership ou des valeurs qui guident l'action éducative ;

– les capacités à utiliser les moyens mis à dispositions pour analyser la pratique et pour communiquer (écrits professionnels, carnet de bord, comptes rendus…).

Les deux membres du jury devront apprécier si le candidat a su développer les capacités attendues (savoir coopérer, solliciter les avis, savoir transmettre et confronter des observations), à partir d'une pratique professionnelle de ME, et en fonction du référentiel métier.

Dossier thématique (DC3)

Dossier se rapportant à un domaine professionnel abordé sous différents angles

Objectifs du dossier :

Capacité à réunir des informations pertinentes sur un domaine professionnel donné, à les mettre en forme, à faire produire un commentaire personnel et à le transmettre.

Compétences repérées et à valider par le dossier :

Élaborer, gérer et transmettre de l'information
Démarche individuelle et collective : le dossier comprend des parties individuelles (transmettre) ou collectives (production d'une recherche)
(Le choix de la thématique est validé par l'établissement de formation)

Démarche	Plan du dossier	Capacités	Compétences
Individuelle ou collective	Introduction Présentation de la démarche Production d'un travail de recherche Apports et commentaires ou argumentaire personnel sur le thème et la démarche	Réunir des informations Mettre en forme	Élaborer Gérer Transmettre

La démarche peut être collective : elle vise aussi à favoriser et à identifier les capacités à travailler en équipe.
Le dossier individuel ne devra pas dépasser 20 pages :
– 10 pages de rédaction, dont au moins 3 pages de réflexion personnelle sur la démarche, en abordant les questions d'éthique, de déontologie et d'objectivité, en effectuant un lien entre la transmission de l'information et le travail d'équipe ;
– 10 pages d'annexes.
Caractère et corps utilisés : Times 12, interligne 1,5
Ce dossier sera présenté et évalué par deux membres du jury, dans le cadre des épreuves d'examen organisées par le rectorat.
L'écrit noté sur 20 sera apprécié sur le critère : « capacité à transmettre par écrit » le thème, la démarche, les données construites, le commentaire personnel sur le thème choisi et sur les apports de la démarche.

Entretien

Cette épreuve consiste en un entretien à partir d'un dossier élaboré par le candidat.

L'entretien vise à valider la compétence suivante : « élaborer-gérer-transmettre de l'information », l'autre compétence du DC3, « s'inscrire dans un travail d'équipe », étant validée sur le site de stage.

L'oral permet d'évaluer la compétence du candidat à « réunir des informations pertinentes » à partir d'un dossier qui sert de support pour faire valoir ses capacités, en fonction des indicateurs suivants :

– diversité et pluralité des sources d'information ;
– liens avec le domaine professionnel ;
– méthode de recueil de l'information ;
– synthèse de l'information, et de la mise en forme du dossier : rigueur du recueil de données, éclairage du domaine abordé, position déontologique.

L'expérience issue d'une production personnelle et d'une démarche de recherche qui peut être collective devrait faciliter un travail de réflexion sur l'élaboration et la transmission de l'information dans le contexte du « travail en équipe pluriprofessionnelle » et à partir de la pratique professionnelle du ME.

Le propos devra porter sur la notion de communication interne aux équipes (langage commun, communication verbale, non verbale), sur le partage de l'information dans un contexte relationnel en fonction des théories de la communication, et sur les vecteurs de transmission de l'information en équipe.

« L'enjeu du travail d'équipe est moins de partager ce que l'on a en commun que d'apprendre à gérer les différences qui nous séparent » (Muccchielli)[1].

Les examinateurs devront apprécier si le candidat a su développer les capacités attendues et s'ils valident les compétences suivantes : élaborer, gérer et transmettre de l'information.

La réflexion sur l'élaboration et la transmission de l'information doit se situer dans le contexte et la pratique professionnelle du moniteur-éducateur, en fonction du référentiel professionnel (fonctions – activités).

1. *Travail en équipe*, R. Mucchielli, ESF, 2002, CNRS.

Dossier (DC4)

Connaissance du cadre institutionnel, administratif, juridique, des dispositifs éducatifs et de l'action sociale.

Document validé en cours de formation

Plan

1. Introduction

Présentation de la structure : les tutelles, les agréments, les partenaires

2. Organigramme de la structure

Commentaires sur le mode de fonctionnement

3. Rôle du moniteur-éducateur au sein de la structure

4. Situer son action de stagiaire ME dans le cadre des missions et du projet de l'institution

3. Les évolutions du secteur ou des problèmes sociaux abordés dans l'établissement

Conclusion

Capitalisation des expériences, actualisation des connaissances, notion de veille professionnelle, intérêt pour le ME de maîtriser le contexte de son intervention sociale et éducative.

Annexes, bibliographie et titres des textes de référence

Objectif de l'épreuve :

Vérifier les capacités du candidat à se déterminer et à se positionner de façon argumentée dans les dynamiques professionnelles :

- connaissance du cadre juridique, des missions ;
- connaissance du projet associatif ou constitutionnel ;
- identification des acteurs (rôle, fonction, statut) ;
- savoir se situer et situer son action ;
- prise en compte de l'évolution du champ professionnel ou des problématiques sociales abordées.

FICHE 11

Grille d'évaluation de stage par le stagiaire sur le site qualifiant (DC2)

Introduction

– Présenter le public accueilli dans l'institution, ses caractéristiques, ses difficultés ou handicaps spécifiques.
– Indiquer votre place, votre positionnement dans le groupe ou le service.
– Reformuler succinctement le projet pédagogique de l'institution, de l'équipe éducative à laquelle vous êtes rattaché(e).

I. Présentation de votre projet de stage

Le contexte et les moyens proposés pour le mener à bien.
Expliquer et commenter le travail réalisé en prenant une ou deux situations pour illustrer vos activités et le déroulement de l'action éducative, indiquer votre cheminement dans cet investissement durant toute la durée du stage.

II. Analyse de votre pratique

Supports utilisés : réunion avec les collègues, rencontre avec les spécialistes, supervision, bibliographie, travail spécifique. Réflexions sur le travail réalisé à partir des résultats obtenus et de difficultés rencontrées. Articulation entre les apports théoriques de la formation et l'expérience liée à la pratique.

Conclusion

Les apports et les acquis de cette expérience professionnelle.
Réflexion plus élargie sur le public, sur le type de prise en charge et sur le devenir des personnes accueillies.

FICHE 12

Guide pour rédiger la fiche d'évaluation du stage par le site qualifiant (DC2)

Ce document est destiné aux membres du jury du domaine de compétences DC2, intitulé « Participation à l'élaboration et à la conduite du projet éducatif spécialisé ».
Les objectifs de l'épreuve de certification visent à apprécier le « positionnement professionnel du stagiaire », à partir de compétences repérées : « Observer, rendre compte et contribuer à l'évaluation des situations éducatives. Participer à la mise en œuvre d'un projet éducatif. »

Rappel des grands principes de l'évaluation

L'évaluation du stage commence au début du stage par l'élaboration du projet de stage (les objectifs du projet de stage constituent une part importante des critères d'évaluation).
Il faut donc considérer l'évaluation en fonction d'une progression. Les bilans partiels et le suivi régulier devraient faciliter la formalisation du « positionnement professionnel du stagiaire ».

Les aptitudes ou les capacités sont à apprécier en fonction d'actes professionnels. En règle générale, il est convenu, pour limiter la subjectivité, que la fonction d'évaluation concerne l'ensemble de l'équipe d'accueil, et que les critères sont d'ordre professionnel.

Critères proposés :

– Connaissance de la réalité institutionnelle.
– Capacité d'écoute et de soutien.
– Capacité à rendre compte de ses observations, à les communiquer en équipe.
– Aptitude à repérer les difficultés des personnes accueillies.
– Capacité à assurer une fonction de repère dans une démarche éthique.
– Responsabilité éducative attendue.
– Réflexion sur sa pratique (savoir se distancier, réfléchir sur son implication, se remettre en question, comprendre sa mission dans un environnement social, s'interroger sur la spécificité de sa fonction).

L'évaluation

L'évaluation finale doit, en conclusion, faire apparaître les trois aspects du processus de formation :
– l'engagement du stagiaire ;
– la réalisation des objectifs mentionnés dans le projet de stage ;
– les compétences professionnelles acquises.

FICHE 12 bis

Évaluation du stage par le site qualifiant – Les grands principes de l'évaluation du stage

– **L'évaluation commence au début du stage** par l'élaboration du projet de stage et sa validation par le référent professionnel. En effet, les objectifs du projet de stage constituent une part importante des critères d'évaluation. Plus ils seront précis, plus l'évaluation sera pertinente.
– **Les aptitudes à vérifier :** il convient de distinguer les compétences générales pour la profession (transférables) des compétences spécifiquement nécessaires à un milieu donné. Chaque établissement ou service devrait pouvoir préciser quelles sont les aptitudes professionnelles à développer pour exercer la fonction éducative dans son cadre spécifique d'intervention.
– **L'évaluation :** il faut la considérer en fonction d'une progression du stagiaire, en fonction d'une « norme » définie au départ. Les bilans partiels, le suivi régulier balisent le processus de formation.
– **Les aptitudes ou les capacités à apprécier sont en fonction d'actes professionnels.** La fonction d'évaluation du stagiaire concerne l'ensemble de l'équipe d'accueil.

L'évaluation comprend 3 étapes.

Comme le projet de stage, l'évaluation finale se réalise à partir de plusieurs références : le livret de stage, le référentiel de compétences, le référentiel professionnel.

1re étape : la validation du projet de stage de l'étudiant

Le projet de stage rédigé par l'étudiant est discuté avec l'équipe d'accueil, qui doit le valider. En effet, les objectifs de ce projet servent de base aux évaluations partielles (bilans intermédiaires) et finales.

L'élaboration du projet de stage doit permettre de définir les aptitudes professionnelles générales ou particulières à mettre en œuvre pour l'exercice de la fonction éducative dans l'établissement ou le service.

À titre d'exemples, voici des aptitudes professionnelles pouvant être demandées à un stagiaire :

– savoir se distancier, trouver la « juste » place dans l 'équipe et auprès des personnes accueillies ;
– capacité d'écoute, de soutien ;
– capacité à réfléchir sur son implication, à se remettre en question, à rendre compte de ses observations, à les communiquer en équipe ;
– aptitude à repérer les difficultés de la personne, à appréhender la complexité de la problématique de l'usager ;
– capacité à établir une relation, à prendre des initiatives ;
– compréhension des différents dispositifs : équipe, réseau, partenaires, etc. ;
– compréhension de sa mission dans un environnement social ;
– capacité à s'interroger sur la spécificité de sa fonction.

En lien avec les objectifs du projet de stage, il convient d'établir le niveau de responsabilité attendu.

À titre d'exemples, il peut être demandé au cours du stage :

– d'effectuer un suivi seul, d'assurer une co-référence, sous la responsabilité de l'équipe ;
– de gérer un groupe, d'animer une activité ;
– d'être en mesure de soutenir un point de vue, de prendre des positions ;
– de prendre des initiatives, de participer aux entretiens éducatifs ;
– d'être garant du cadre, porteur de la loi, de faire acte d'autorité ;
– de s'inscrire dans les projets individualisés ;
– de s'engager à travers la rédaction d'écrits.

2e étape : les bilans intermédiaires

Ces bilans représentent un élément important du processus de formation. Ils ont pour but le réajustement des objectifs du projet de stage et un retour de l'équipe sur le positionnement professionnel du stagiaire.

3e étape : l'évaluation finale

L'évaluation finale comporte notamment la production d'un écrit dans le cadre prévu par les textes, mais elle doit également traiter des trois aspects du processus d'évaluation :

- l'engagement du stagiaire ;
- la réalisation des objectifs mentionnés dans le projet de stage ;
- les compétences professionnelles du stagiaire (en référence, par exemple, au référentiel professionnel ou à la charte d'accueil des stagiaires de l'établissement).

Annexes

La VAE moniteur-éducateur

Le diplôme d'État de moniteur-éducateur peut également être obtenu par la validation des acquis de l'expérience.
Pour cela, les candidats doivent justifier d'une durée totale d'activité cumulée de 3 ans (équivalent temps plein) et déposer un dossier de recevabilité auprès des DAVA des rectorats (dispositif académique de validation des acquis).
Les candidats devront ensuite constituer et rédiger un livret 2 dont l'objectif est de permettre à un jury, qui en fera la lecture, d'identifier les compétences acquises dans le cadre de l'expérience professionnelle salariée ou bénévole.
Dans les annales 2010 du DEME, la présentation des différents domaines de compétences, ainsi que des épreuves de certification et leurs corrigés devrait permettre aux candidats de s'approprier le référentiel professionnel et de proposer une analyse de leur expérience en fonction des DC.
Les rappels méthodologiques, théoriques et bibliographiques devraient faciliter la présentation d'actions collectives et d'une situation dans le cadre du DC 1, l'évaluation des besoins des personnes et l'élaboration d'un projet dans le cadre du DC 2, une réflexion sur la communication dans le cadre du DC 3 et la description d'un service et de ses missions dans le cadre du DC 4.

La VAE [1], nouvelle voie d'accès au diplôme, est un droit individuel inscrit au Code du travail, pour toute personne disposant d'un minimum de trois ans d'expérience (salariée ou non) sans conditions de statut, de niveau scolaire, ni d'âge. La VAE se déroule en quatre étapes :

- le choix du diplôme (AMP, ME ou ES par exemple),
- la demande de recevabilité auprès du DAVA (livret 1),
- la réalisation du livret 2 « présentation des acquis »,
- le passage devant un jury qui évalue les compétences acquises au regard du diplôme visé et notifie sa décision de validation.

1. Source : http://www.eduscol.education.fr/vae

Exemples de sujets DC 4

SUJET 1

Madame X a sollicité les services sociaux en 2005 suite aux difficultés qu'elle rencontre dans l'éducation de son fils N. âgé de 10 ans.
Le dossier mentionne que N. est en échec scolaire avec des problèmes de concentration et d'organisation ; il bénéficie d'un soutien psychologique organisé par le CMP et une prise en charge en orthophonie.
La commission d'aide à la décision de l'ASE donne en 2007 son accord pour une prise en charge en MECS (service séquentiel) dès septembre 2007 afin d'encourager la poursuite des suivis par le CMP en orthophonie et répondre aux attentes de la mère (aide à la scolarité entre autres).
Au bout d'un trimestre, N. vous informe que lorsqu'il séjourne chez sa mère, il se retrouve souvent seul pour préparer ses repas, faire ses devoirs. Le soir, il n'ose pas sortir et passe ses soirées à regarder la télévision jusqu'à des heures tardives.
Ces conditions de vie ne sont pas conformes au contrat passé avec la mère lors de la signature du document individuel de prise en charge (DIPEC).

En votre qualité de moniteur-éducateur sur le groupe d'accueil de cet enfant :

- Comment comprenez-vous cette situation ?
- Décrivez le cadre administratif et les partenaires impliqués.
- Quel accompagnement éducatif proposez-vous ?

SUJET 2

Monsieur X vit en foyer d'hébergement. Ce foyer accompagne des adultes en situation de handicap.
Monsieur X a été orienté dans cette structure du fait de l'altération de ses capacités intellectuelles et de difficultés de perception du monde en lien avec sa déficience intellectuelle moyenne repérée dès son plus jeune âge.
Après un passage en IMP, il est suivi en IMPRO et bénéficie d'une formation en horticulture. Une prise en charge en internat est mise en place du fait de la distance entre le domicile de ses parents et l'établissement.

À 24 ans, sans emploi, Monsieur X retourne vivre chez ses parents. Après deux années sans prise en charge, Monsieur X entre à 26 ans dans un ESAT. Cet établissement se trouvant éloigné du domicile parental, il intègre un foyer d'hébergement à proximité.

Son changement de vie pour Clermont-Ferrand est alors brutal et rapide.

Aujourd'hui, à 35 ans, « Monsieur X est un des meilleurs travailleurs de l'ESAT » selon les éducateurs techniques, tant par son comportement sans surprise que de sa capacité à s'adapter aux différents travaux demandés. Au foyer, il est repéré comme un adulte sur lequel l'équipe éducative peut compter. Son accompagnement est rendu aisé par les repères qu'il a su prendre.

Ses parents, aujourd'hui âgés de 75 ans, sont rassurés. Son frère, cadet de 2 ans, est son tuteur.

Lors de votre dernière rencontre avec lui, en vue de la préparation d'une réunion de synthèse, il vous dit à nouveau qu'il voudrait vivre près de la mer, car il « a trop aimé » ses trois derniers séjours d'été en Vendée.

En tant que moniteur-éducateur, comment comprenez-vous cette demande ?

Décrivez les démarches à engager en tenant compte du cadre législatif et institutionnel, afin de favoriser une orientation adaptée aux besoins et désirs de Monsieur X.

SUJET 3

Placée en MECS dans le cadre des mesures de protection judiciaire de l'enfance (article 375 du Code civil) Julie, jeune fille de 14 ans, participe avec deux autres adolescentes du groupe aux achats dans un grand magasin dans le cadre de leurs « vêtures »[1]. Durant cette activité que vous encadrez, Julie vole du matériel de maquillage pour un montant de 50 €.

À la sortie du magasin, elle est interpellée par un surveillant qui l'avait repérée.

En votre qualité de moniteur-éducateur :

- Comment gérez-vous la situation dans le magasin et au retour dans l'institution ?
- Présentez les suites de la procédure et conséquences possibles si une plainte est déposée.
- Si des dommages et intérêts étaient attribués au magasin, qui devrait payer ?

Citez les textes de référence.

1. Le terme « vêture » désigne dans certaines MECS « l'achat et la prise en charge des frais liés à l'habillement des mineurs confiés ».

SUJET 4

Julien est un jeune homme porteur d'une trisomie. Il va avoir 20 ans dans un mois. Il est accueilli à l'IME depuis l'âge de 6 ans. Il rentre tous les soirs chez ses parents. Il a de très bonnes capacités : il sait lire, écrire et s'exprime très correctement.

Il a effectué dernièrement un stage de 15 jours à l'ESAT pour confirmer sa nouvelle orientation.

Julien a sollicité son éducatrice référente pour organiser une rencontre avec ses parents et l'aider à leur faire part de son envie de ne plus vivre chez eux : il aura 20 ans et un statut de travailleur handicapé.

Il parle de son souhait de vivre dans un appartement en ville (locaux dépendants de l'institution) et d'être suivi par le service d'accompagnement (SAVS).

Il ajoute qu'il voudrait gérer seul son argent.

Julien appréhende la réaction de ses parents. Il a peur de leur faire de la peine en quittant le domicile familial, comme l'a fait son frère l'année précédente pour suivre ses études à l'étranger.

En tant que moniteur-éducateur, comment comprenez-vous cette situation ?

Décrivez les démarches à engager en tenant compte du cadre législatif et institutionnel.

SUJET 5

Paul est un homme âgé de 30 ans porteur d'un polyhandicap.

Il vit au domicile de ses parents : sa mère lui consacre beaucoup de temps, épaulée par une équipe pluridisciplinaire du SAVS.

Aujourd'hui, ses parents, malades et vieillissants, souhaitent que Paul soit placé dans un établissement.

Qui doit effectuer la demande ?

À qui s'adresser pour cette démarche ?

Quelle structure pourrait être compétente pour accueillir cet adulte ?

Qui financera la prise en charge ?

À quels textes législatifs devra se référer le moniteur-éducateur dans la prise en charge de Paul ?

Vous donnerez un ou plusieurs exemples de démarches au travers desquelles vous montrerez comment ces textes de loi ont une influence ou une incidence sur l'accompagnement éducatif.

SUJET 6

Madame Y vit seule avec ses deux enfants de 4 et 8 ans. Gravement malade, elle sollicite les services sociaux pour obtenir de l'aide.

Son état de santé nécessitant une hospitalisation pour une durée d'un mois, ses deux enfants sont accueillis au foyer départemental, suite à sa demande et avec son accord.

Durant le séjour, un homme, Monsieur X, se présente au foyer. Il demande à rencontrer les deux enfants dont il prétend être le père.

Comment comprenez-vous cette situation ?
Décrivez les démarches que vous allez engager suite à la demande de Monsieur X.
À quels textes législatifs devrez-vous vous référer pour comprendre la situation et définir une position ou apporter une réponse à la demande ?

SUJET 7

Suite à un signalement et dans le cadre d'une audience, le juge des enfants a rendu une ordonnance de placement provisoire concernant Marion, âgée de 10 ans, reconnue victime de mauvais traitements.
Dans le cadre de cette mesure de protection, Marion doit bénéficier d'un accompagnement éducatif et juridique pour lui permettre de participer et de témoigner lors du procès de ses parents.
En votre qualité de moniteur-éducateur sur le groupe de cette enfant, comment allez-vous participer à cet accompagnement spécifique ?
Décrivez les démarches à engager en tenant compte du cadre législatif, institutionnel et de la décision du juge des enfants.
À quels textes législatifs devrez-vous vous référer pour définir les relations avec les parents ?

SUJET 8

Antoine est né le 21 mars 2002. Madame P., mère au foyer, s'est séparée du père d'Antoine quand il avait 2 ans. Antoine est accueilli au centre médico-psycho-pédagogique depuis 2006, date à laquelle des troubles de comportement ont été signalés par les enseignants de la maternelle.
Il reste scolarisé dans son école et bénéficie, dans le cadre d'un PPRE (programme personnalisé de réussite scolaire), d'un suivi en CMPP important.
Les professionnels du CMPP soulignent que le comportement d'Antoine lors de certaines activités est comparable à celui d'un enfant qui aurait entre 6 mois et 2 ans.
Il présente un retard global du développement : retard de langage, propreté non acquise…
Antoine recherche peu la compagnie de l'adulte, mais il l'accepte.
Madame P., inquiète, est en quête de conseils. Elle exprime son désarroi face à son fils.
Au sein du CMPP, Antoine a montré qu'il a un bon potentiel d'évolution. L'équipe préconise une admission en IME pour l'enfant à la prochaine rentrée scolaire.

En tant que ME, comment comprenez-vous cette proposition d'orientation du CMPP ?
Décrivez les démarches à engager en tenant compte du cadre législatif.
À quels textes législatifs devra se référer l'équipe pluriprofessionnelle de l'IME ?
Vous définirez les priorités de l'action éducative et préciserez la place et le rôle des parents.

Grilles d'aide à l'évaluation

Les grilles présentées ci-dessous sont destinées aux référents professionnels pour évaluer l'épreuve et rédiger le commentaire.

1. Concevoir et mener des activités de groupe (grille élaborée par des référents professionnels) [1]

Critères d'évaluation	Indicateurs
Pertinence de l'activité en lien avec les besoins du public	**Savoir décrire avec précision les besoins des personnes** – confronter ses observations avec les membres de l'équipe ; – exposer avec pertinence son projet d'activité en lien avec les besoins des personnes et le projet de la structure ; – présenter les références conceptuelles de l'activité.
Prise en compte des contraintes liées à la situation des bénéficiaires et souplesse d'adaptation de l'activité	**Savoir repérer et respecter les déficiences, incapacités, handicaps qui font obstacle au parcours individuel des personnes** – savoir évaluer ; – réajuster son action ; – anticiper les difficultés ; – relater les situations vécues ; – faire preuve d'initiative et d'inventivité pour faire évoluer l'activité.
Utilisation adaptée des moyens budgétaires et gestion de l'ensemble des contraintes (temps, espace, objectifs) au service des apprentissages	**Savoir présenter un budget d'activité équilibré (prévisionnel et réalisé)** – savoir rendre compte de son action ; – mettre en lien dans le projet présenté les éléments éducatifs financiers et les éléments relatifs à la réglementation ; – connaître les règlements en matière de sécurité des personnes.
Pertinence, opérationnalité et cohérence d'ensemble de l'action proposée. Prise de recul du candidat ; éthique professionnelle	**Savoir s'interroger et interroger les dimensions éthiques ou déontologiques impliquées dans les pratiques** – faire preuve de capacité à argumenter la cohérence et la pertinence du projet et de sa mise en œuvre ; – mesurer le degré de complexité du projet ; – prendre la mesure de l'implication dans la relation avec les personnes au cours de son activité ; – se questionner sur les actes ; – expliciter les valeurs qui guident son action éducative ou d'accompagnement.

1. Documents diffusés par l'Institut Saint-Laurent, 69130 Écully.

Capacité à faire face aux situations conflictuelles	**Savoir repérer une situation de conflit en décryptant les signes avant coureurs** – percevoir les situations susceptibles de gêner la dynamique de groupe ; – proposer une réponse adaptée (nouvelle organisation du groupe, de l'activité) ; – conduire des entretiens individuels **Présentation orale**
Cohérence d'ensemble de la démarche proposée, clarté de l'exposé et capacité d'analyse et de prise de recul du candidat	**Utilisation d'un vocabulaire professionnel juste et adapté** – donner du sens aux pratiques d'animation et d'accompagnement éducatif en tenant compte de l'environnement de travail et de la représentation du métier ; – argumenter ses choix, ses réponses aux remarques ; – rendre compte de faits, événements ou étapes ; – envisager d'autres manières de faire

2. Animer la vie quotidienne au sein de l'établissement ou du service (grille d'aide à l'évaluation)

Critères d'évaluation	Indicateurs
Qualité de la prise en compte des personnes et capacités à se centrer sur chaque personne accueillie de façon éducative	**Savoir organiser les actes de la vie quotidienne et de la vie collective comme support des apprentissages** – accueillir les résidents à leur arrivée et mettre en œuvre les conditions d'un bon accueil ; – accompagner les temps de repas : être attentif à la prise de nourriture ; – prodiguer de la bienveillance à chacun ; – transmettre les règles communes de bienséance à chaque action proposée (repas, activité ludique, promenade) ; – repérer les personnes en difficulté afin de leur proposer une aide ; – s'assurer que les temps en commun soient centrés sur l'échange dans une ambiance conviviale ; – organiser le temps de départ des résidents et des temps de régulation des tensions ; – préparer la séparation, connaître les modalités de transport de chacun.
Rigueur méthodologique dans l'exploration des indices et l'analyse des situations liées à la santé et ou la mise en danger Prise en compte systématique de la sécurité des personnes accueillies	**Savoir repérer, apprécier en équipe les indices inquiétants concernant la santé et ou la mise en danger des personnes confiées** – identifier les signes d'un mal être et les temps où ils peuvent s'exprimer ; – observer l'évolution des indices pouvant indiquer un mal être ou une souffrance ; – transmettre ses remarques à l'équipe et participer à l'élaboration d'une réponse qui prend en compte la souffrance observée ; – respecter et faire respecter les consignes de sécurité liées à la prise en charge du public accueilli ; – connaître la procédure à appliquer an cas de problème de santé de la personne accueillie (évaluation des symptômes, administration d'un traitement, information aux familles et aux professionnels concernés).

Pertinence des observations et réflexions liées à la situation supposées Qualité d'analyse et d'observation des indices	**Savoir prévenir et repérer les situations de maltraitance** – identifier les signes de maltraitance et leur mode d'expression ; – observer l'évolution de ces signes ; – informer l'équipe et la hiérarchie de ses observations ; – participer à la recherche de solution .
Socialisation des personnes accueillies conforme à la posture éducative Capacité à rechercher et à mobiliser des ressources extérieures	**Savoir inscrire la vie quotidienne de l'individu ou du groupe dans une dimension citoyenne** – proposer des activités favorisant un lien social extérieur à l'institution ; – rechercher des partenariats extérieurs qui prennent en compte la question de la citoyenneté.

3. S'inscrire dans un travail d'équipe (grille d'aide à l'évaluation)

Critères d'évaluation	Indicateurs
Capacités à communiquer et à échanger Qualités des échanges	**Participer à la vie de l'équipe pluriprofessionnelle** **Savoir identifier les différents acteurs de la vie de l'équipe** – entretenir des relation avec chaque acteur de l'équipe ; – communiquer ses remarques et ses observations ; – s'interroger et confronter ses observation et ses idées ; – s'impliquer dans les échanges et savoir étayer ses propos et ses analyses ; – utiliser les moyens mis à disposition dans l'établissement ou le service pour assurer la transmission des informations.
Capacité à participer à la mise en œuvre des actions éducatives	**Savoir coopérer avec d'autres professionnels de son service, solliciter leurs avis, leurs connaissances, leurs compétences** – adapter son action en fonction de chaque catégorie de professionnels impliqués dans le travail d'équipe ; – assurer la continuité de l'action éducative ; – se situer en relais, soutien de l'action des autres professionnels ; – faire appel à un tiers ; – donner du sens à son action de ME.
Capacité à se situer et à agir au sein d'une équipe pluriprofessionnelle	**Savoir transmettre et confronter ses propres observations** – connaître la particularité de chaque membre de l'équipe en fonction de sa formation, de sa mission et de son domaine d'intervention et savoir définir et situer ses propres actions en lien avec les autres ; – se situer dans la hiérarchie de l'établissement ou du service ; – utiliser les moyens mis à disposition pour analyser sa pratique ; – exercer un sens critique sur ses propres implications éducatives ; – se situer dans une position d'apprenant ; – être en mesure d'expliciter les valeurs qui guident son action éducative ou d'accompagnement.

Échelle de notation[1]

Notes	Appréciations
0 Zéro	**Nul ou irrecevable** Présentation insuffisante, copie blanche ou quasiment blanche ou plagiat
1 à 3	**Insuffisance patente** Hors sujet, exposé non mené à son terme ou incapacité systématique à formuler des réponses cohérentes
4 à 6	**Très insuffisant** Par rapport à la majorité des critères de l'épreuve
7 à 9	**Insuffisant** – insuffisance légère dans la majorité des critères – insuffisance patente dans un seul des critères – contresens ou approximation sur une donnée ou un concept importants
10 à 13	**Satisfaisant** Prestation satisfaisante avec des insuffisances partielles par rapport à l'un des critères d'appréciation de l'épreuve, naïveté dans l'analyse, maladresse dans l'expression
14 à 16	**Très satisfaisant** Prestation complètement cohérente, réponse à l'ensemble des critères, forme claire et construite
17 à 19	**Travail excellent** Intérêt professionnel particulier de la prestation, illustration de méthodologies nouvelles susceptibles d'être employées par des professionnels.
20	**Travail excellent et remarquable par son originalité**

1. D'après la note à l'attention des membres du jury DRASS RHÔNE-ALPES-DEME.

Sigles

AAH Allocation Adultes Handicapés
AED Aide Éducative à Domicile
AEEH Allocation d'Éducation de l'Enfant Handicapé
AEMO Aide Éducative en Milieu Ouvert
AES Allocation Éducative Spéciale
AGEFIPH Association de Gestion des Fonds pour l'Insertion Professionnelle des Handicapés
AMP Aide Médico-Psychologique
APJM Accueil Provisoire Jeune Majeur
AS Assistant de Service social
ASE Aide Sociale à l'Enfance
ASSEDIC Association pour l'Emploi dans l'Industrie et le Commerce
ARH Agence Régionale d'Hospitalisation
CAF Caisse d'Allocations Familiales
CAMSP Centre d'Action Médico-Sociale Précoce
CASF Code de l'Aide Sociale et des Familles
CCAS Centre Communal d'Action Sociale
CDAPH Commission des Droits et de l'Autonomie des Personnes Handicapées
CEF Centre Éducatif Fermé
CER Centre Éducatif Renforcé
CHRS Centre d'Hébergement et de Réadaptation Sociale
CLIS Classe d'Intégration Scolaire
CMP Centre Médico-Psychologique
CMPP Centre Médico-Psycho-Pédagogique
COAE Centre d'Orientation et d'Action Éducative
DAVA Dispositif Académique de Validation des Acquis
DDASS Direction Départementale des Affaires Sanitaire et Sociales
DDJS Direction Départementale de la Jeunesse et des Sports
DDPJT Direction Départementale de la Protection Judiciaire de la Jeunesse
DDTE Direction Départementale de l'Emploi
DRASS Direction Régionale de l'Action Sanitaire et Sociale
EPM Établissement Pénitentiaire pour Mineurs
EREA Établissement Régional d'Enseignement Adapté
ESAT Établissement et Service d'Aide par le Travail
IMC Institut Motricité Cérébrale
IME Institut Médico-Éducatif
IMP Institut Médico-Psychologique
IMPRO Institut Médico-Professionnel
IOE Investigation et Orientation Éducative
ISES Institut Spécialisé Éducation Surveillée
ITEP Institut Thérapeutique, Éducatif et Pédagogique
JE Juge des Enfants

MAJ	Mesure d'Accompagnement Judiciaire
MAS	Maison d'Accueil Spécialisée
MDPH	Maison Départementale des Personnes Handicapées
ME	Moniteur-Éducateur
MECS	Maison d'Enfants à Caractère Social
MECSS	Maison d'Enfants à Caractère Sanitaire Spécialisé
ONG	Organisation Non Gouvernementale
OPP	Ordonnance de Placement Provisoire
PJJ	Protection Judiciaire de la Jeunesse
PMI	Protection Maternelle et Infantile
PPRE	Programme Personnalisé de Réussite Scolaire
PPS	Projet Personnalisé de Scolarité
RMA	Revenu Minimum d'Activité
RMI	Revenu Minimum d'Insertion
RSA	Revenu de Solidarité Active
SEAT	Service Éducatif Auprès des Tribunaux
SEGPA	Section d'Enseignement Général et Professionnel Adapté
SESSAD	Service d'Éducation et de Soins Spécialisés à Domicile
SMIC	Salaire Minimum Interprofessionnel de Croissance
TISF	Technicien de l'Intervention Sociale
TPE	Tribunal Pour Enfants
UPI	Unité Pédagogique d'Intégration
VAE	Validation des Acquis de l'Expérience

Liste des établissements de formation agréés

Adhérents à l'AFORTS et au GNI[1]

Association française des organismes de formation et de recherche en travail social

Groupement national des IRTS

Alsace

IFCAAD
12, rue Jean-Monnet - BP 45
67311 SCHILTIGHEIM Cedex
Tél. : 03 88 18 61 31
Site Internet : www.ifcaad.fr

Aquitaine

CeF
Place du Marché-Couvert - BP 414
24104 BERGERAC Cedex
Tél. : 05 53 22 23 00
Site Internet : www.johnbost.orq/cef

ADES
Association pour le développement économique et social
9 bis, rue Armand-Chabrier
47400 TONNEINS
Tél. : 05 53 64 61 57
Site Internet : www.adesformations.fr

ITS Institut du travail social Pierre-Bourdieu
8, cours Léon-Bérard
BP 7528
64075 PAU Cedex
Tél. : 05 59 84 93 93
Site Internet : www.its-pau.fr

IRTS AQUITAINE
9, avenue François-Rabelais
BP 39
33401 Talence Cedex
Tél. : 05 56 84 20 20
Site Internet : www.irtsaquitaine.fr

AFMR - ETCHARRY FORMATION DEVELOPPEMENT
Château Elgart
64120 ETCHARRY
Tél. : 05 59 65 72 82
Site Internet : www.afmr-etcharrv.com

1. Ces deux associations sont en cours de regroupement sous l'appellation UNAFORIS.

Auvergne
ITSRA Institut de travail social de la Région Auvergne
62, avenue Marx-Dormoy
63000 CLERMONT-FERRAND
Tél. : 04 73 17 01 00
Site Internet : www.itsra.net

Basse-Normandie
IRTS BASSE-NORMANDIE
11, rue Guyon-de-Guercheville
BP 10116
14204 Hérouville-Saint-Clair
Tél. : 02 31 54 42 00
Site Internet : www.irts-bn.asso.fr

Bourgogne
IRTESS
2, rue du Professeur-Marion
21000 DIJON
Tél. : 03 80 72 64 50
Site Internet : www.irtess.fr

Bretagne
AFPE Saint-Brieuc - Centre Louis-Guilloux - 12, rue du Vau-Méno
BP 507
22005 SAINT-BRIEUC Cedex 1
Tél. : 02 96 78 86 20
Site Internet : www.afpe.org

AFPE Rennes
Centre Emmanuel-Mounier
Campus Ker Lann
Rue Pierre-de-Maupertuis
BP 17451
35174 BRUZ Cedex
Tél. : 02 99 05 06 10
Site Internet : www.afpe.orq

ITES BREST - 170, rue Jules-Janssen
ZAC de Kergaradec Guipavas
29806 Brest cedex 9
Tél. : 02 98 34 60 60
Site Internet : www.ites-formation.com

IRTS BRETAGNE - Site de Gouesnou
15, rue Gaston-Plante
29850 Gouesnou Tél. : 02 98 41 49 41
Site Internet : www.irts-bretagne.fr

IRTS BRETAGNE
2, avenue du Bois-Labbé
35042 Rennes Cedex
Tél. : 02 99 59 41 41
Site Internet : www.irts-bretagne.fr

Centre
ITS Institut du travail social
17, rue Groison - BP 77554
37075 TOURS Cedex 2
Tél. : 02 47 62 33 33
Site Internet : www.its-tours.com

ERTS École régionale du travail social
2032, rue du Général-de-Gaulle - BP125
45161 OLIVET Cedex
Tél. : 02 38 69 17 45
Site Internet : www.erts-olivet.orq

DOM
IRDTS
134, ch. rural de Troubiran - Entrée du centre médico-sportif - BP 897
97341 CAYENNE Cedex - Guyane
Tél. : 05 94 25 34 88

CFTS LA GUADELOUPE - Grand Camp
97139 Les Abymes - Guadeloupe
Tél. : 05 90 83 79 25
Site Internet : www.afprts-ifmes.com

IRTS LA REUNION
1, rue Sully-Brunet
97470 Saint-Benoît - La Réunion
Tél. : 02 62 92 97 77
Site Internet : www.irtsreunion.asso.fr

EMAP
82, bd H.-Delisle - BP 18
97451 SAINT-PIERRE Cedex - La Réunion
Tél. : 02 62 96 95 30

Franche-Comté
IRTS FRANCHE-COMTÉ
1, rue Alfred-de-Vigny
BP 2107
25051 Besançon Cedex
Tél. : 03 81 41 61 00
Site Internet : www. irts-fc.fr

Haute-Normandie
IDS HAUTE-NORMANDIE
Route de Duclair - BP 118
76380 Canteleu
Tél. : 02 32 83 25 00
Site Internet : www.ids.fr

Île-de-France
INITIATIVES
43, bd du Maréchal-Joffre
92340 BOURG-LA-REINE
Tél. : 01 41 13 48 23
Site Internet : www.initiatives.asso.fr

CFPES CEMEA IDF
62, avenue de la République
93306 AUBERVILLIERS Cedex
Tél. : 01 48 11 27 90
Site Internet : www.cfpes.com

INFA Île-de-France
5-9, rue Anquetil
94736 NOGENT-SUR-MARNE Cedex
Tél. : 01 45 14 64 67
Site Internet : www.infa-formation.com

BUC RESSOURCES
1 bis, rue Louis-Massotte
78530 BUC
Tél. : 01 39 20 19 94
Site Internet : www.buc-ressources.org

ITSRS site de MONTROUGE
1, rue du 11-Novembre
92120 MONTROUGE
Tél. : 01 40 92 01 02
Site Internet : www.fondation-itsrs.org

ITSRS site de NEUILLY/MARNE
150, avenue Paul-Vaillant-Couturier
93330 NEUILLY-SUR-MARNE
Tél. : 01 49 44 67 10
Site Internet : www.fondation-itsrs.org

IRTS PARIS Île-de-France
145, avenue Parmentier
75010 Paris
Tél. : 01 42 03 08 31
Site Internet : www.irtsparisidf.asso.fr

EPSS École pratique de service social
32, bd du Port
95094 CERGY Cedex
Tél. : 01 30 75 62 96
Site Internet : www.epss-edu.com

Languedoc-Roussillon
CPFP La Rouatière
11400 SOUILHANELS
Tél. : 04 68 60 03 61
Site Internet : www.larouatiere.com

CFPMEA CEMEA
Centre de formation CEMEA
501, rue Métairie-de-Saysset
CS 10033
34078 MONTPELLIER Cedex 3
Tél. : 04 67 50 46 00
Site Internet : www.cemealr.org

IFME Institut de formation aux métiers éducatifs
23, rue de Sauve
30900 NÎMES
Tél. : 04 66 68 99 60
Site Internet : www.apafase-ifme.com

IRTS LANGUEDOC-ROUSSILLON
1011, rue du Pont-de-Lavérune
34077 MONTPELLIER Cedex 3
Tél. : 04 67 07 02 30 www.irts-lr.fr

ETES École de travail éducatif et social
17, avenue Théophile-Roussel
48100 MARVEJOLS
Tél. : 04 66 32 27 78
Site Internet : www.etes.fr

Limousin
IRFE Institut régional de formation d'éducateurs
Rue du Buisson
87170 ISLE
Tél. : 05 55 01 40 52
Site Internet : www.irfe87.com

Lorraine
IRTS de Lorraine
201, avenue Raymond-Pinchard
BP 2009
54100 NANCY
Tél. : 03 83 93 36 36
Site Internet : www.irts-lorraine.fr

IRTS de Lorraine
41, avenue de la Liberté
Le Ban St-Martin
CS 50029
57063 METZ Cedex 2
Tél. : 03 87 31 68 00
Site Internet : www.irts-lorraine.fr

Midi-Pyrénées
CRFMS ERASME - Complexe scientifique de Rangueil
23, avenue Édouard-Belin - BP 44013
31028 TOULOUSE Cedex
Tél. : 05 61 19 27 60
Site Internet : www.erasme.fr

IFRASS
2 bis, rue E.-Pelletier - BP 44777
31047 TOULOUSE Cedex 1
Tél. : 05 34 63 89 00
Site Internet : www.ifrass.net

Nord-Pas-de-Calais
Centre de formation AFERTES
5, rue Paul-Périn - BP 225
62004 ARRAS Cedex
Tél. : 03 21 60 40 00
Site Internet : www.afertes.orq

IRTS COUDEKERQUE-BRANCHE
12, rue Louis-Nouts Site Créanor
59412 COUDEKERQUE-BRANCHE
Tél. : 03 28 24 51 30
Site Internet : www.irtsnpdc.fr

IRTS VALENCIENNES
35, rue Ernest-Macarez Site Hainaut-Combresis
59300 VALENCIENNES
Tél. : 03 27 42 40 97
Site Internet : www.irtsnpdc.fr

EES LILLE
22, rue Halévy
59000 LILLE
Tél. : 03 20 93 70 16
Site Internet : www.eests.org

IRTS NORD PAS-DE-CALAIS
Rue Ambroise-Paré
BP 71
59373 LOOS CEDEX
Tél. : 03 20 62 53 70
Site Internet : www.artsnpdc.asso.fr

EES MAUBEUGE
Rue du Gazomètre
59600 MAUBEUGE
Tél. : 03 27 62 87 22
Site Internet : www.ees-ifar.org

EES SAINT-OMER
42, rue Carnot
62500 SAINT-OMER
Tél. : 03 21 12 20 20
Site Internet : www.ees-ifar.org

IRTS BERCK-SUR-MER
Rue Docteur-Ménard
62604 BERCK-SUR-MER CEDEX
Tél. : 03 21 89 97 00
Site Internet : www.irtsnpdc.fr

IRTS ARRAS
5, rue Maurice-Schumann
62031 ARRAS
Tél. : 03 21 24 09 09
Site Internet : www.irtsnpdc.fr

Pays de la Loire
ARIFTS IFRAMES Rezé
116, rue de la Classerie
44400 REZE
Tél. : 02 40 75 69 94
Site Internet : www.iframes.orq/classerie

ARIFTS IFRAMES Le Campus
10, rue Darwin
49045 ANGERS Cedex 01
Tél. : 02 41 22 14 70
Site Internet : www.iframes.org

Picardie
IRFFE
Rue des Deux-Ponts
80044 AMIENS Cedex 01
Tél. : 03 22 66 33 99
Site Internet : www.irffe.fr

IRFFE
52, bd Saint-André
60000 BEAUVAIS
Tél. : 03 44 07 72 34
Site Internet : www.irffe.fr

Poitou-Charentes
IRTS POITOU CHARENTE
1, rue Guynemer
BP 215
86005 POITIERS Cedex
Tél. : 05 49 37 60 00
Site Internet : www.irts-poitou-charentes.org

Provence-Alpes-Côte d'Azur
IESTS Institut d'enseignement supérieur de travail social
6, rue Chanoine-Rance-Bourrey
06105 NICE Cedex 2
Tél. : 04 92 07 77 97
Site Internet : www.iests.com

IMF MARSEILLE
16, rue Ferdinand-Rey - BP 54
13244 MARSEILLE Cedex 1
Tél. : 04 91 24 61 10
Site Internet : www.imf.asso.fr

Rhône-Alpes
ADEA
12, rue du Peloux
01000 BOURG-EN-BRESSE
Tél. : 04 74 32 77 32
Site Internet : www.adea-formation.com

IFTS Institut de formation de travailleurs sociaux
3, avenue Victor-Hugo
BP 165
38432 ECHIROLLES Cedex
Tél. : 04 76 09 02 08
Site Internet : www.ifts-asso.com

CFP - LPP Saint-Ennemond
Place de l'Égalité
42400 SAINT-CHAMOND
Tél. : 04 77 22 08 14
Site Internet : www.saintennemond.eu

ARFRIPS
10, impasse Pierre-Baizet
69009 LYON
Tél. : 04 78 69 90 90
Site Internet : www.rp.arfrips.fr

ARFRIPS
13, rue Alfred-de-Musset
26000 VALENCE
Tél. : 04 78 69 90 90
Site Internet : www.rp.arfrips.fr

Institut Saint-Laurent
41, rue du Chancelier
69130 ECULLY
Tél. : 04 78 33 46 20
Site Internet :
www.institutsaintlaurent.com

IREIS RHÔNE-ALPES
42, rue de la Tour-de-Varan - BP 200
42704 FIRMINY Cedex
Tél. : 04 77 10 13 70
Site Internet : www.ireis.fr

IREIS RHÔNE-ALPES
1, boulevard du Fier
BP 50082
74000 ANNECY
Tél. : 04 50 46 57 01
Site Internet : www.ireis.fr

IREIS RHÔNE-ALPES
145, rue Chavanne
73490 LA RAVOIRE
Tél. : 04 79 72 53 86
Site Internet : www.ireis.fr

Réalisation : Linéale Production
Mise en page : Michelle Bourgeois

Achevé d'imprimer en octobre 2011 par France Quercy, 46090 Mercuès
Dépôt légal : octobre 2011 - N° d'éditeur : 2011-807
N° d'impression : 11681

IMPRIM'VERT
Votre imprimeur agit pour l'environnement

FSC
Sources Mixtes
Groupe de produits issu de forêts bien gérées et d'autres sources contrôlées.
www.fsc.org Cert no. BV-COC-070808
© 1996 Forest Stewardship Council

Imprimé en France

Social Connexion

Retrouvez le secteur Social et Médico-Social sur le Net !

Avec plusieurs dizaines de milliers de visiteurs chaque jour, Social Connexion est la plate-forme Internet la plus active dans le domaine du social et du médico-social en France.

le Social.fr

http://www.leSocial.fr

- Pour une information sociale permanente: revue de presse quotidienne - actu ministérielle
- Pour une recherche pertinente: annuaire de liens séléctionnés - sigles du social - livres
- Pour une orientation professionnelle adaptée: écoles du travail social - espaces pro du Social
- Pour un échange d'expériences de qualité: forums thématiques les plus dynamiques du Web

Emploi Social.fr

http://www.EmploiSocial.fr

Leader depuis plus de 10 ans dans le secteur de l'emploi social et médico-social,EmploiSocial.fr accompagne administrations, collectivités, associations, entreprises dans leur recrutement. Recrutez sur www.emploisocial.fr, c'est simple, rapide, efficace !

Social Connexion.fr

http://www.SocialConnexion.fr

SocialConnexion.fr est un véritable réseau social vous permettant d'échanger avec vos amis, camarades de promotion, collègues de travail : blogs, vidéos, musiques, photos, sondages, évènements divers, chat, annonces, groupes, partage de mémoires, fiches de lecture, rapports de stages, annales de concours d'entrée et d'examens, etc.

Prepa Concours Social.fr

http://www.Prepa-Concours-Social.fr

Spécialiste de la préparation aux concours d'entrée aux formations de travail social depuis 199
Prepa-Concours-Social.fr est un établissement privé d'enseignement à distance sous contrôle pédagogique de l'état. Concours préparés : éducateur spécialisé, assistant de service social, éducateur de jeunes enfants, infirmier, moniteur-éducateur, technicien de l'intervention sociale et familiale, aide médico-psychologique, auxiliaire de vie sociale, concours DRASS

SOCIAL CONNEXION 240, Rue Francois GERNELLE
ZAC Saint Martin - BP 105 - 84124 PERTUIS CEDEX

N° Indigo 0 820 20 43 76

Une question ? Contactez-nous ! 0,09 € TTC/ min